Über den Umgang mit Franzosen

Für Jacqueline Pourcines

Claus Baukhage: Über den Umgang mit Franzosen
Copyright 2005 Claus Baukhage. Alle Rechte vorbehalten.

Herstellung und Verlag: Books on Demand GmbH, Norderstedt.
Titelphoto: Das Kartäuserkloster Chartreuse bei Grenoble

ISBN 3-8334-3299-3

„Wisse, mein Sohn, mit wie wenig Weisheit die Welt regiert wird,"

Axel Graf Oxenstierna(1583-1654) , schwedischer Kanzler,
auf dem Totenbett zu seinem Sohn

**„Die Deutschen haben die eigenen Vergehen bei Namen genannt, die eigenen
Leiden haben sie nicht bei Namen genannt.
Die eigenen Missetaten durch die deutschen Missetaten zu verdecken, ist eine
europäische Gewohnheit.
Der Hass gegen die Deutschen ist Europas Fundament in der Nachkriegszeit."**

Péter Esterhazy, ungarischer Schriftsteller, anlässlich der Verleihung des
Friedenspreises des Deutschen Buchhandels am 10. Oktober 2004 in der
Paulskirche

Inhalt

Vorwort

Wenn Deutschlands Bundeskanzler Gerhard Schröder bei den Gedenkfeiern zum Jahrestag der alliierten Landung in der Normandie seinen „Freund" Staatspräsident Jacques Chirac mit grosser Inbrunst umarmt. so sieht das Ganze etwas ungeschickt aus. Chirac ist einen ganzen Kopf grösser und Schröder scheint daher wie ein kleiner Junge hilfesuchend an seiner Brust zu hängen.
Das Bild ging durch die Weltpresse . Es war urkomisch und zugleich auch anrührend, als wenn Gerhard sagen würde: Halt mich fest, Jacques, hilf mir. Aber Jacques machte eine etwas peinlich berührte Miene. Das war ihm offensichtlich etwas zu viel.

Aber wie immer auch die Umstände solcher Schnappschüsse sein mögen, ungeschickt oder nicht, das Bild einer derart emotionalen Umarmung zwischen dem deutschen Bundeskanzler und dem französischen Staatspräsidenten ist in jedem Fall ein ausgesprochener Krampf. Und ebenso peinlich wie die Tatasache, dass Bundeskanzler Kohl einst den französischen Staatspräsidenten Mitterand duzte, als wäre er ein Kumpel aus Mainz. *
Deutschen Bundeskanzlern fehlt es nur allzu oft immer noch an Selbstbewusstsein , Fingerspitzengefühl und Geschichtskenntnissen.

Die Franzosen haben im 20. Jahrhundert keine andere Nation so gehasst wie die Deutschen. Deutsche Soldaten sind zweimal in ihr Land eingefallen, haben dabei weite Teile zerstört und Millionen Männer, Frauen und Kinder getötet oder zu Krüppeln gemacht.
Es wäre naiv anzunehmen, dass all das heute schon vergessen und vergeben ist. Oder anzunehmen, dass Chirac die Bilder der deutschen Besatzungssoldaten in seiner Jugend vergessen hat, weil er bei seinen Besuchen in Berlin ab und zu ein Bier mit Schröder trinkt.

Wenn die konservative Tageszeitung „Figaro" im Herbst 2004 schreibt, dass zwischen beiden Nationen eine „unzerstörbare Mauer der Gleichgültigkeit" steht, so bedeutet das lediglich, dass man einem Verbündeten gegenüber gewisse sprachliche Rücksichten nimmt.

Die deutsch-französischen Beziehungen wurden darüber hinaus noch dadurch kompliziert, dass sich nach dem Blitzkrieg Hitlers gegen Frankreich und dem Waffenstillstand von 1940 eine enge Zusammenarbeit zwischen dem französischen Regierungschef Marschall Pétain und Hitler anbahnte. Die Gründe dafür lagen einmal in der Überzeugung Pétains und der Mehrheit der Franzosen, dass Hitler den Krieg gewinnen werde und man sich in dem Nazi Europa seinen Anteil sichern wollte.

Zum anderen war eine gewisse Geistesverwandtschaft zwischen der Nazi-Ideologie und Pétains Geistesverfassung nicht zu leugnen, besonders nicht, was den Hass auf Juden und Kommunisten anging und die Ablehnung der parlamentarischen Demokratie, die Pétain alle drei für den Niedergang Frankreichs verantwortlich machte.

Die Jahre der *collaboration* mit Hitler sind nicht gerade ein Ruhmesblatt der Grande Nation. Eines Tages wird sie uns vielleicht Krieg und Zerstörung verzeihen. Aber vor aller Welt gezeigt zu haben, wie willfährig sie Hitler gedient hat, das werden die Franzosen uns nie verzeihen. Diese Wunde schwärt noch heute.

Brigitte Seebacher berichtet in ihrem Willy Brandt Buch, dass Mitterand 1980 seinen Gast Brandt unterbrochen habe, als der einige Bemerkungen über die französische Polizei machte, die 1941 deutsche Emigranten wie Rudolf Breitscheid, die in Frankreich Schutz gesucht hatten vor Hitler, an die Gestapo auslieferte. Mit fast schneidender Schärfe habe Mitterand erklärt: Die Franzosen konnten sich überhaupt nur schlimm verhalten, weil die Deutschen da waren.

Wenn Frankreich trotz aller Gefügigkeit gegenüber Hitler noch den Titel der Siegermacht des Zweiten Weltkrieges errungen hat, so brachte das weitgehend die zweite Jungfrau von Orléans zustande, der General Charles de Gaulle mit seinem unzerstörbaren Glauben an die Grösse Frankreichs.

Eine wunderschöne Geschichte und zugleich das Ende aller Hoffnungen, Europa zu vereinen.

* Es war immer - mit der Ausnahme von Korad Adenauer und Willy Brandt - ein Kennzeichen der deutschen Bundeskanzler, dass sie ihre eigene Person überschätzten und die Würde ihres Amtes und die historischen Gegebenheiten unterschätzten. Die Würde ihres Amtes, die sie verpflichtete, nichts zu unternehmen, das ihrem Land schaden kann.

Der Letzte, der eklatant dagegen verstiess, war Gerhard Schröder, der den amerikanischen Präsidenten Bush in aller Öffentlichkeit vor das Schienenbein trat(Irak: Für politische Abenteuer stehen wir nicht zur Verfügung), einzig und allein, um im Wahlkampf die noch fehlenden letzten Prozente zu gewinnen, ohne Rücksicht auf die Folgen für sein Land.

Ortsbestimmung

Beide Mächte, Frankreich wie Deutschland, entscheiden schon lange nicht mehr über Krieg und Frieden in Europa und das Gleichgewicht in der Welt. Man kann sie im besten Fall noch als zwei nicht mehr sehr einflussreiche europäische Mittelmächte bezeichnen. Dieser Abschied von Glanz und Gloria ist nach 1945 in Deutschland besser verarbeitet worden als in Frankreich, wo die Politiker immer noch von weltweitem Einfluss träumen und eine kleine und sehr teuere Atomwaffe unterhalten.

Der eher biederen Berliner Republik steht also eine noch auf königlich getrimmte République francaise gegenüber, die wehmütig ihrer glänzenden Vergangenheit nachtrauert.

Während in Paris in den letzten Jahrzehnten das Zentralthema der Aussenpolitik war und auch heute noch ist, wie man den Titel einer Siegermacht des Zweiten Weltkrieges erfolgreich in Prestige und Geld ummünzen kann, das nach 1945 zum grösseren Teil von Deutschland zu kommen hatte, beschäftigte die deutsche Aussenpolitik das Thema, wie man überhaupt erst wieder das getrennte Deutschland zusammenfügen und dann in der Weltgemeinschaft wieder zu Ansehen bringen kann.

Während die Adenauer Republik sich also um Partnerschaft mit Paris bemühte, sahen die Franzosen in den Deutschen eher den nützlichen Nachbarn, der dazu ausersehen war, mit seinem Geld und Einfluss die Rolle Frankreichs in der Welt auszustaffieren.

Das konnte kaum Freundschaftsgefühle erwecken.

Nur kulturell sind beide Länder auch heute noch einander sehr nah. First class Literatur, Malerei, Theater, das ist heute vor allem im westlichen Kulturkreis in den USA und London zuhause und nicht mehr in Berlin oder Paris. Zwischen zwei Nullpunkten liegt eine unendliche geringe Entfernung.

Wenn es Paris immer wieder gelang, Bonn für seine Pläne und Unternehmen einzuspannen, dann geschah das, weil die Regierungen in Bonn, von zwei Ausnahmen abgesehen, von Politikern geleitet wurden, deren Geschichtsverständnis im Jahr 1945 begann, die kein Französisch sprachen, die Frankreich und die Franzosen allenfalls von touristischen oder geschäftlichen Ausflügen kannten. Sie waren eine leichte Beute und Paris genierte sich in keiner Weise diese Schwächen auszunutzen.

Es gab hüben wie drüben immer wieder Stimmen und Forderungen, die Vereinigten Staaten von Europa zu schaffen. Es waren Männer und Frauen,die den Krieg erhobenen Hauptes überstanden hatten. Sie waren der Überzeugung , dass, wenn dieses unsinnige Morden und Töten des Zweiten Weltkrieges überhaupt eine Lehre enthalten sollte, dann doch die, dass die Überlebenden die Vereinigten Staaten von Europa schaffen müssen.

Aber diese Stimmen gingen in Frankreich bald im politischen Alltagsgeschäft unter. Frankreich vor allem weigerte sich, das europäische Haus mit den Bundesdeutschen zu teilen. Allenfalls war man in Paris bereit, den Deutschen die Portierswohnung zu überlassen, sprich ein Europa der Vaterländer unter Führung von Frankreich zu schaffen ebenso wie wirtschaftliche europäische Institutionen , die vor allem Frankreich zugute kamen.
Schliesslich, so argumentierte man in Paris, spielte Frankreich, als Siegermacht und ständiges Mitglied im Sicherheitsrat der Vereinten Nationen, international in der ersten Liga mit , was man weder von Bonn noch von Berlin sagen kann.

Das eine und das andere Frankreich

Als die deutschen Armeen im Jahr 1940 Frankreich überrannt hatten, gab es unter den Franzosen zwei Schulen zu der Frage : was nun ? Die eine Schule glaubte, dass Hitler den Krieg angesichts der Macht Englands und angesichts des zu erwartenden Kriegseintritts der USA nicht gewinnen könne. Ihre Anhänger flohen daher nach London und Nordafrika, um den Krieg von dort aus fortzusetzen. Ihr Sprecher wurde nach und nach der damals noch ziemlich unbekannte Brigadegeneral Charles de Gaulle. Seine „Armee" betrug einige hundert Soldaten.

Die andere Schule war der Ansicht, dass Hitler den Krieg gewinnen werde und man sich daher mit ihm arrangieren müsse, damit Frankreich in dem von Hitler geführten Europa seine ihm zustehende Rolle wahrnehmen könne. Der Sprecher dieser Schule war der Held des 1. Weltkrieges, der Sieger von Verdun, der überall in Frankreich angebetete Marschall Pétain. Er traf sch mit Hitler und versprach Zusammenarbeit, la collaboration.

Für die überwältigende Mehrheit der Franzosen, die im Land geblieben waren, fiel die Wahl zwischen beiden nicht schwer: hier der unbekannte Brigadegeneral de Gaulle und dort der greise und verehrte Marschall Pétain. Frankreich votierte mit wenigen Ausnahmen für Pétain und damit für eine Zusammenarbeit mit Hitler. Von weiter kämpfen war keine Rede .

de Gaulle und Pétain hatten nur eines gemeinsam, nämlich die Überzeugung, dass nach dem Krieg die alten Politiker der Dritten Republik, die ihr Land ruiniert hatten, nicht wieder an die Macht kommen dürfen. Das erwies sich als ein Irrtum: die Amerikaner und Engländer zwangen de Gaulle am Kriegsende, die alte Mannschaft in die Führungsmannschaft der neuen Republik aufzunehmen, worauf sie prompt auch die Vierte Republik wieder ruinierten. Aber das ist eine andere Geschichte.

Zunächst unterschieden sich de Gaulle und Pétain darin, dass die Priorität für de Gaulle war, den Krieg erst einmal an der Seite der Alliierten zu gewinnen. Für Pétain war eindeutig die Priorität, zuerst die nationale Revolution durchzuführen , das heisst, die parlamentarische Demokratie und die Juden, die er für den Niedergang Frankreichs verantwortlich machte, zu bekämpfen und erst dann den Krieg gegen Deutschland wieder aufzunehmen.
Patrioten nannten sich beide.

Sie unterschieden sich allerdings nicht nur in der Einschätzung der Chancen Hitlers, den Krieg zu gewinnen. Pétain hatte bereits greisenhafte Züge und war gross geworden in der anti-republikanischen Tradition grosser Teile der französischen Militärs seit dem Ende des Zweiten Kaiserreiches. Die Politiker und die Juden waren an allem schuld.

de Gaulle war von dieser Gedankenwelt weit entfernt. Er war ein Patriot im besten Sinne des Wortes, gebildet und hoch intelligent. Er war das neue Frankreich.

de Gaulle behielt mit seiner These, dass Hitler den Krieg nie gewinnen könne, recht und so wurde die Geschichte ganz in seinem Sinne geschrieben.

Ein paar Köpfe des Pétain Regimes mussten rollen und der Rest der Nation wurde zu Patrioten erklärt, die heldenhaft gegen das Nazi Regime und den Boche gekämpft hatten. Alle wussten, dass dies die Wahrheit auf den Kopf stellte.

Aber die Staatsraison verlangte, dass ganz Frankreich mit wenigen Ausnahmen heldenhaft gegen den deutschen Angreifer gekämpft habe. Nur so war zu begründen, dass Frankreich zu der vierten Siegermacht des Zweiten Weltkrieges gemacht wurde.
Der Hass auf den Boche war von nun an eine nationale Pflicht und der Kitt der Nation.

Jenseits von Geschichtsmüll und nationalistischem Abakadabra

Es ist kaum fünfhundert Jahre her, dass aus den Söhnen und Enkeln Karls des Grossen, Deutsche und Franzosen wurden und der Familiensinn und das Bewusstsein, aus einem gemeinsamen Elternhaus, dem Reich der Franken, zu stammen, nach und nach verloren gingen.

Erst als den Europäern das Wohl ihres kleinen Landes wichtiger wurde als das Heil ihrer Seele, als das Latein, das sie alle verband, den Vulgärsprachen Deutsch und Französisch wich, entstanden die beiden grossen Nationen, die das Schicksal Europas bestimmten und noch heute bestimmen.
Und mit dem immer stärker werdenden Nationalgefühl entfaltete sich in Europa Engstirnigkeit und Hass auf alles Fremde. Das Elend begann mit dem ersten grossen Nationalisten in Europa, mit Napoléon I .

Man muss sich diese Passage von dem immensen Reich Karls des Grossen und der universellen Geisteshaltung des Mittelalters zu der Schranken und enge Grenzen aufbauenden Neuzeit der Nationen und ihrer abergläubischen Philosophie der Vernunft vor Augen halten, um sich in Erinnerung zu rufen, dass die Nation kein Wert in sich ist, würdig der grossen Opfer, die man in ihrem Namen gefordert hat, sondern eher eine schwere und überflüssige Bürde.

Das Gebot unserer Zeit ist, sich von der künstlichen Überhöhung des Nationalen zu lösen und die Vereinigten Staaten von Europa zu schaffen. Ein grosses Ziel, das Franzosen und Deutsche, die heute noch ein tiefer Graben trennt, wieder zusammenbringen kann in gegenseitigem Respekt und vielleicht eines Tages auch in Freundschaft.

Zu Beginn des 21. Jahrhunderts sind wir noch weit davon entfernt. Es bricht einem das Herz, zu sehen, in welchem Ausmass der Geschichtsmüll des 19. und 20. Jahrhunderts noch unaufgeräumt in den Gehirnen und Büchern vorhanden ist und sein Gift verbreitet.

Es ist noch nicht lange her, dass die Geschichtsprofessoren wieder ehrlich geworden sind und darauf verzichtet haben, ihren Dienstherren gefügig zu sein und einen künstlichen Gegensatz zwischen Deutschen und Franzosen zu konstruieren, weil das in die Politik der jeweiligen Regierung passte.

Um der „Erbfeindschaft" historische Wurzeln zu verpassen, wurden in Deutschland wie in Frankreich selbst so schillernde Figuren wie Vercingetorix und Armin der Cherusker zu Nationalhelden erklärt und auf die Sockel unzähliger Denkmäler gestellt.

Besonders verwegen ist die in Frankreich sehr populäre Konstruktion, die die Germanen als Vorfahren der Deutschen deklariert und die Gallier als die Ahnen der Franzosen, ohne dass auch nur der geringste Anhalt dafür in der Geschichte vorhanden ist.

Der Sinn dieser Erfindung nationalistischer Historiker war, zu zeigen, wie die in den dunklen Wäldern hausenden Germanen und die in sonnenduchfluteten Landschaften Südfrankreichs lebenden Gallier den Nationalcharakter beider Völker bestimmt haben. Hier die Barbaren, dort das lebenslustige zivilisierte Volk durchtränkt von der Kultur des alten Roms. Solcher Unsinn wird heute noch in Frankreich weithin für bare Münze genommen.

Der esprit latin , den die Franzosen bis zum heutigen Tage für sich in Anspruch nehmen, entspricht der gelegentlichen Neigung dieses Volkes zur Übertreibung, oder positiver ausgedrückt, entspricht ihrem besonders entwickelten Stilgefühl, das sich selbst nichts weniger als eine enge Verwandtschaft zur grossen Kultur des alten Rom zuerkennt, selbst wenn der gebildete Franzose natürlich weiss, dass dies nicht den geschichtlichen Tatsachen entspricht.
On fait comme si... man tut als ob.

In Wahrheit basieren Sprache, Kultur und Sitten der Franzosen wie der Deutschen auf der Sprache, der Kultur und der Sitten des Reiches der Franken. Franzosen und Deutsche haben ein gemeinsames Elternhaus. Sie sind Brüder und Vetter im Blute wie im Geiste.

Bewundert sie   - was sonst

Eine der ersten Erfahrungen, die Sie im Umgang mit Franzosen machen werden, ist, dass sie keine Kritik vertragen.

Der Grund dafür liegt nicht, wie Sie vermuten könnten, in ihrer übergrossen Selbsteinschätzung oder Empfindlichkeit. Es ist ganz einfach so, dass die schärfsten Kritiker der Franzosen die Franzosen selbst sind. Es gibt keine Kritik an den Franzosen, die nicht schon besser, genauer und eleganter von den Franzosen selbst formuliert worden wäre.

Dieses Volk hat ein sehr inniges Verhältnis zu seiner Geschichte und seiner Sprache. Es ist es eine elegante Sprache, die die französische Professorin Henriette Walter die germanischte der lateinischen Sprachen nennt, eine Sprache mit einer grossen Variationsbreite des Ausdrucks, die die feinsten Nuancen in der Darstellung ermöglicht.

Die Franzosen reagieren daher verärgert, wenn man weniger elegant an sie herangeht. Das kann man ihnen nicht übel nehmen. Die normale und angemessene Haltung gegenüber dem Franzosen ist also, ihn zu bewundern. Er wird dann sofort begreifen, dass Sie ihn wirklich verstanden haben.

Die letzte Garde

Einer der Weggefährten des General de Gaulle, der langjährige Abgeordnete der französischen Nationalversammlung, Jacques Baumel, berichtet in seinem Buch "de Gaulle, l'exil intérieur"(Verlag Albin Michel , 2001) von seinem Besuch in Berlin im Jahr 1945.
Das Ausmass der Zerstörungen hinterliess bei ihm den Eindruck, auf einem anderen Planeten zu sein. Baumel war als Gast eines Freundes, des Journalisten Jacques Marette, nach Berlin geflogen, um dort Weihnachten und Neujahr zu verbringen.

de Gaulle hatte zu dieser Zeit bei den Alliierten schon die Anwesenheit einer französischen Garnison in Berlin durchgesetzt. Es war ihm das Unglaubliche gelungen, trotz der anfänglich starken Abneigung der Briten und Amerikaner, Frankreich mit an den Tisch der Sieger zu bringen.
Als Generalfeldmarschall von Keitel bei der Unterzeichnung der bedingungslosen Kapitulation einen französischen General sah, entrang sich ihm die Erstaunen und Verblüffung verratende Bemerkung: "Ach, die Franzosen auch!"

Jacques Baumel erzählt, wie er in einem ehemaligen Luftwaffengebäude, das als französische Garnison diente, zum ersten mal junge französische SS-Soldaten getroffen hat, die in Berlin von den Russen gefangen genommen und dann den Franzosen übergeben worden waren.
Es waren Männer, noch nicht einmal dreissig Jahre alt, die in der französischen SS-Division "Charlemagne" gedient und nun den Bunker Adolf Hitlers verteidigt hatten, bevor er Selbstmord beging. Franzosen als die treueste Garde Hitlers bis zum bitteren Ende!
Baumel, ein Mann der Resistance der ersten Stunde, empfand keinen Hass. Er hatte Mitleid mit diesen Männern, denen man die Wahl gelassen hat, Selbstmord zu begehen oder vor ein Erschiessungskommando zu kommen.

Mein Freund Marcel

Marcel ist mir zum ersten Mal in der Eingangshalle unseres Hauses in der rue Bague begegnet. Er kam gleich auf mich zu. Ein hochgewachsener Mann, sehr sorgfältig im englischen Stil gekleidet, mit schneeweißem Haar, dem der Friseur ein wenig zu viel Blaustich gegeben hatte.

"Herr Doktor," sagte er noch sehr förmlich und mit einer guten deutschen Aussprache, "ich freue mich, Sie kennenzulernen. Ich habe schon immer gesagt: Wenn Deutsche und Franzosen zusammenhalten, dann können sie die ganze Welt erobern!"
Er hielt einen Augenblick inne und verbesserte sich dann: "Wenn Deutsche und Franzosen zusammenhalten, dann können sie ganz Europa erobern."

Ich war von dieser Begrüßung ziemlich verblüfft. Sie erinnerte mich an die Euphorie vieler Franzosen, die nach den siegreichen Feldzügen Hitlers in ihm eine große geschichtliche Figur sahen, die ganz Europa vereinigen und befrieden werde.

Wie hatte Pierre Drieu La Rochelle, einer der bekanntesten Kollaborateure, damals geschrieben: Die Zeit der Vaterländer ist vorbei.
Eine Einsicht, die viele Franzosen von heute noch scheuen wie die Pest.

Aber kommen wir zurück zu Marcel. Er ist in dieser kleinen Stadt am Meer, in dieser engen Strasse, die sich an die Schule Saint Marie anlehnt, mein Nachbar geworden. Wohlhabend und schon mit dem silbernen Löffel im Munde geboren, hat er über meiner Wohnung gleich eine ganze Etage gekauft, um mit dem Aufzug in seine Wohnung fahren zu können und vor allem um sicher zu sein, daß nur er und seine Frau Zugang zu dieser Etage haben würden.

Der Verwalter des Hauses erzählte mir, daß Marcel 800 Flaschen ausgezeichneten Rotweines mitgebracht habe. Er sei aus Nizza fortgezogen, weil er das dortige heiße Klima nicht mehr vertragen habe. Und er fügte hinzu: "Er nimmt kein Blatt vor den Mund. Sie werden sich sicher gut mit ihm verstehen." Und so war es.

Marcel und ich verblieben freilich noch monatelang auf der unverbindlich förmlichen Ebene des bon jour und bon soir. Wir kamen uns zum ersten Mal etwas näher, als ich aus Baden-Baden eine junge hübsche Frau zu Besuch hatte . Marcel reagierte sofort und lud uns am frühen Abend zu einem Apéritif ein.

Er erkundigte sich, ob ich lieber Whisky oder Champagner trinke. Da ich wußte, daß er ein Champagner Liebhaber war, sagte ich Champagner. Das freute ihn.
Wie sich herausstellte, hatte er zwei sehr gute Jahrgangschampagner kalt gestellt, von denen kein Tropfen übrig blieb. Marcels Frau Monique dagegen trank nur Malt Whisky. Sie mache sich nichts aus Champagner, sagte sie.
Wir blieben fast zwei Stunden und zwei Stunden lang redete Marcel.
Ich hörte zu. Marcel war darüber offensichtlich erfreut.
Doch fürs erste blieb noch ein etwas formeller Ton. Die Brücke war noch nicht geschlagen.

Einige Wochen später klingelte es an meiner Tür. Draußen stand Marcel. Er war in sichtlicher Erregung. Er habe den Schlüssel zum Aufzug vergessen, sagte er, und Monique, seine Frau, habe auf die Türklingel vom Eingang unten nicht reagiert. Er bat darum, mein Telephon benutzen zu können.

Marcel telephonierte also und es dauerte eine ganze Weile bis Monique an den Apparat ging. Er erklärte ihr die Situation und bat sie, ihn bei mir abzuholen.
Sie schien sehr kurz angebunden zu sein. Marcel legte auf, hob die Schulter und die Hände hoch und sagte: Sie will nicht.
Monique sei gerade bei ihrer Gymnastik und könne dabei nicht gestört werden, berichtete er, Wenn sie fertig sei, werde sie ihn bei mir abholen.
Gut, ich öffnete also eine Flasche und wir kamen ins Gespräch.

Marcel hatte vom Vater eine Textilfabrik in der Provinz geeerbt, die er dann weitergeführt hat. Erst mit Mitte Dreißig hatte er Monique, eine sehr temperamentvolle Pariserin, kennengelernt und geheiratet. Sie haben zwei Söhne, die in Brüssel und Rom leben .

Marcel war sehr tüchtig. Er hat Geschäfte mit Deutschen gemacht ebenso wie mit sehr bekannten englischen Firmen wie Marks und Spencer. Er war in Deutschland genauso zu Hause wie in London. Er spricht fließend Englisch und Deutsch.

Als ich ihn zu Anfang einmal fragte, wie es komme, daß er so gut Deutsch spreche, gab er mir zur Antwort: "Aber, Herr Doktor, wir sind doch zivilisierte Leute!" In seiner Generation gehörte es noch zum guten Ton, fließend Deutsch zu sprechen.

Monique ist weit jünger als Marcel und gertenschlank. Sie geht jeden Morgen zwei Stunden in das Thalasso-Institut;Gymnastik und Massage.
"Ist doch besser als an der Flasche zu hängen oder Koks zu nehmen", sagte sie mit umwerfender Logik.

Monique war von Anfang an im Umgang mit mir weit lockerer als Marcel. Sie erzählte mir, daß sie in ihrer Jugend eine deutsche Freundin gehabt hätte und schon früh deutsch gesprochen habe..
Sie war in Paris aufgewachsen. Ihre Familie hatte ein großes Haus in Lothringen. Sie habe keine Probleme mit den Deutschen gehabt, auch während der Zeit der deutschen Besatzung nicht.
Gleich zu Beginn des Krieges habe damals ein Nachbar aus Lothringen angerufen, daß sich deutsche Offiziere in ihrem Eltern Haus einquartiert hätten. Ihre Familie sei daraufhin sofort nach Lothringen gereist und habe sich den deutschen Offizieren als die Eigentümer des Hauses vorgestellt.
Man habe sich mit den Herren aus Deutschland dahingehend geeinigt, daß jeder eine Hälfte des großen Hauses bewohne. Das sei ganz gut gegangen.

Eines Tages traf ich Monique auf der Uferpromenade. Sie hängte sich bei mir ein und begleitete mich.
"Was werden die Leute sagen, wenn sie uns so sehen", sagte sie und drückte sich noch stärker an mich.
Monique hatte offenbar einmal zu lobend über mich gesprochen. Marcel zeigte plötzlich deutliche Anzeichen von Eifersucht. Es gibt da offensichtlich keine Altersgrenze.
Marcel ging wieder auf Distanz.
Doch das hinderte ihn nicht daran, wenn er in guter Form war, mir erneut zu versichern: "Herr Doktor, ich habe immer schon gesagt, wenn Deutsche und Franzosen zusammenhalten, dann können sie die ganze Welt erobern."
Es blieb dann bei der ganzen Welt. Wir sind nicht auf Europa zurückgekommen.

Mein Freund Albert

Auf meinem Erkundungsfahrten im Umfeld der kleinen Stadt am Meer sah ich in einem benachbarten Dorf auf der Wiese eines Bauernhofes eine Schaar Hühner herumpicken, die mir besonders prächtig im Gefieder zu sein schienen. Mein erster Gedanke war: Hier müssen hervorragende Frühstückseier zu haben sein.
Ich ging also auf das Bauernhaus zu, das nach der Inschrift über der Marienfigur aus dem 16. Jahrhundert stammte. Auf mein Klopfen an der Eingangstür erschien eine Baskenmütze und darunter eine weit geschwungene prägnante Nase. Der Mann, dachte ich mir, muß so um die achtzig Jahre alt sein.

Er fragte mich, was ich wolle. Ich erklärte ihm, daß mir seine Hühner besonders gut gefallen hätten. Es seien prächtige Tiere. Wenn es möglich wäre, würde ich gern ab und zu ein Dutzend Eier holen kommen.
Ja, sagte er, das sei schon möglich. Er bat mich in eine kleine Stube, in der ein Eisenherd und dicke Holzscheite eine angenehme Wärme verbreiteten. Auf dem Herd stand ein großer Suppentopf.

Albert, so hieß der Alte, ging ins Nebenzimmer und holte ein Dutzend Eier und schickte sich an, sie in Zeitungspapier einzuwickeln.
Woher ich denn sei, wollte Albert wissen. Mein Akzent sei doch nicht von hier.

Gewiß nicht, sagte ich. Ich bin Deutscher.

Albert hielt mitten in seiner Geste inne, legte den Kopf etwas zur Seite und betrachtete mich lange und stumm.
Mein erster Gedanke war: Nun kannst du die Eier vergessen. Wer weiß, was da passiert ist. Krieg, Besatzung, Erschießungen ...

Aber sein Zögern hatte einen anderen Grund. Albert war ganz jung gleich zu Kriegsbeginn 1939 zur bespannten Artillerie einberufen und im Elsaß stationiert worden. Dort hatten ihn die Deutschen zu Beginn der Feindseligkeiten gefangengenommen. Albert hatte also fast fünf Jahre in deutscher Gefangenschaft verbracht. Als Bauer wurde er in der Landwirtschaft im Emsland eingesetzt. Er kam auf den Hof einer Witwe, die zwei Töchter hatte.

"Sie hat mich wie ihren eigenen Sohn behandelt", erzählte Albert, "sie war wie eine wirkliche Mutter für mich."

Am Schluß, als der Krieg vorbei war und die Engländer Albert befreiten, hat sie gesagt: "Albert, warum willst Du nach Hause gehen. Da hast Du doch nichts zu essen. Bei uns hast Du es gut. Suche Dir eine meiner Töchter aus und bleib bei uns. "

Aber Albert hatte Heimweh. Er fuhr zurück ins Baskenland. Doch wenn er seitdem an Deutschland dachte, war er guter Dinge.

Er heiratete dann einige Jahre später Maité, die zweimal in der Woche mit ihrem Pferd und Wagen an seinem Haus vorbei zur benachbarten Mühle fuhr, um das Korn zum Mahlen zu bringen. Sie hatte ihm gefallen. Maité war eine gute Frau, sagte er mir.

Gemeinsam haben sie den kleinen Hof übernommen und geschuftet, bis sie die drei Brüder Alberts ausgezahlt hatten.

Am Anfang ihrer Ehe brachte die Landwirtschaft nicht viel ein und Albert hielt sich über Wasser, indem er sich einer Schmugglerbande anschloß, die all das, was in den ersten Nachkriegsjahren in Frankreich fehlte, aus dem nahegelegenen Spanien herüberbrachte. Es waren nur wenige Kilometer bis zur Grenze.
Doch eines Morgens waren ihm die spanischen Zöllner hart auf den Fersen. Einer von ihnen schoss ihm ins rechte Bein. Albert konnte noch entkommen, aber sein Bein macht ihm heute noch zu schaffen.
Er hatte zwar den Krieg heil überstanden. Doch die Nachkriegszeit war für Albert weit schwieriger.

Maité, seine Frau, verbot ihm dann, weiter zu schmuggeln. Sie fuhr, als die französische Wirtschaft langsam wieder anlief, mit ihrem Geflügel, Obst und Gemüse auf die umliegenden Märkte und brachte dort das notwendige Geld auf.

Es hat viele Franzosen wie Albert gegeben, die in den Kriegsjahren in Deutschland in der Landwirtschaft gearbeitet und in der Regel diese Jahre gut überstanden haben. Das waren viele Botschafter

guten Willens gegenüber Deutschland, ohne daß sie es in den Nachkriegsjahren wagten, offen für Deutschland einzutreten.
Nicht wenige von ihnen haben den deutschen Bäuerinnen in mancherlei Hinsicht über das Alleinsein hinweggeholfen. Die Jahrgänge 40-45 sind mit kleinen Franzosen gespickt.

Wir mußten sehr vorsichtig sein, erzählte Albert. Jede Woche einmal wurden wir im Lager - die Gefangenen schliefen nachts im Lager - beim Appel darauf verwiesen, daß der Verkehr von Gefangenen mit deutschen Frauen streng verboten sei.

Seit meinem ersten Treffen mit Albert sind vier Monate vergangen. Wenn ich die Eier hole, finde ich ihn oft, da es Winter ist, in seiner kleinen Stube am Herd sitzen. Er schiebt mir dann einen Stuhl hin und beginnt zu fragen und zu erzählen von seiner Zeit in Deutschland und wie er für seine Bäuerin Hedwig, für ein Stück Speck, neue Fahrradreifen auf dem Schwarzmarkt besorgt hatte. Sie selbst hatte sich das nicht getraut.
"Oh, die hatten Angst in Deutschland, sehr viel Angst vor ihren eigenen Leuten" sagte er.

Er hat seinen Besitz inzwischen, da er kinderlos blieb, einem Patenkind überschrieben, das mit ihrem Mann und Kindern nun im Hauptgebäude wohnt. Seine Frau ist vor zwei Jahren gestorben.

"Das war hart für mich," sagt er.
Ich fragte ihn, was ihm am Alleinsein am schwersten falle?
"Das niemand da ist, mit dem man reden kann", antwortete er ohne Zögern. Und leise fügt er hinzu: "Maité und ich, Wir haben uns gut verstanden."

Ich frage ihn, warum er allein bleibe. Vielleicht sei es nach zwei Jahren Trauer gut, sich nach einer Frau umzuschauen.
Albert schüttelt energisch den Kopf.
"Nein, nein, das wolle er nicht. "
Er erzählt dann, daß es an Gelegenheit nicht gefehlt habe. Schon kurz nach dem Tode seiner Frau und auch heute noch bekomme er Besuch. Aber er wolle nicht.
Er sagt das so bestimmt, daß ich ihn nach dem Grund frage.
Albert druckst herum. Schließlich kommt er damit heraus. Es sei so schwierig, eine verträgliche Frau zu finden. Daher bleibe er lieber alleine.
Können Sie das? fragte ich ihn.

"Nein, sagte er. Ich fühle mich oft allein und ganz elendig. "
Dann greift er an seine Baskenmütze und schiebt sie hin und her.
"Ich bin achtzig Jahre und manchmal sitze ich hier und weine."
Ein Jahr spâter wurde Albert neben seiner Frau begraben.

Mein Freund Daniel

Daniel ist ein großer Kenner europäischer Geschichte und französischer Rotweine. Er hat in Aquitanien ein Landhaus, in dem er seine Bücher schreibt. In der Regel besteht seine tägliche Routine aus langen Stunden in seinem Arbeitszimmer, die nur kurz einmal um die Mittagszeit unterbrochen werden.

Daniels Diät besteht Tag für Tag aus einem gewichtigen Rindersteak, das er sich selbst brät und einer halben Flasche Bordeaux. Seine Frau habe mit dem Kochen nichts am Hut, sagte er mir. Und ihm sei ein gutes Steak lieber als eine schlecht zubereitete Mahlzeit.

Die Franzosen haben ein großes Herz für ihre Frauen und eine ziemlich klare Vorstellung davon, was sie von ihnen verlangen können und was nicht. Das ist eine solide Basis für eine oft innige Freundschaft.

Ab und zu gehen Daniel und ich in ein gutes Restaurant und diskutieren miteinander. Daniel kennt sich aus - in der Geschichte wie in der guten Küche.

Zu Anfang unserer Freundschaft hatte er mich gefragt: Warum sind Sie eigentlich hier herunter gekommen? Warum leben Sie in Frankreich?
Er konnte offenbar nicht ausmachen, warum ein Deutscher sich all den deutsch-französischen Mißverständnissen und Albträumen aussetzen will, wenn es doch so viele andere angenehme Plätze in Europa gibt, die für Deutsche eine freundlichere Atmosphäre bieten.

Ich weiß nicht mehr genau, was ich geantwortet habe, aber sicher habe ich ihm in Gedanken recht gegeben, daß es viele Länder gibt, wo der Deutsche freundlicher empfangen wird als in Frankreich. Die USA, Grossbritannien, Irland, um spontan nur drei zu nennen.

Zu unserem ersten gemeinsamen Essen fuhren wir eine Autostunde entfernt in die Nadelwald und Sandlandschaft, die man Les Landes nennt. Wir wollten dort gleichzeitig Armagnac einkaufen. Daniel kannte sowohl das Restaurant wie auch den Armagnac Händler und er hatte gut gewählt.

Dem Restaurant sah man noch an, daß es einst zu einem Kleinstadthotel für Durchreisende gehörte. Der Großvater war durch seine gute Küche weit über die Kleinstadt hinaus bekannt geworden.

Mit dem wachsenden Erfolg war der Sohn dann vom ländlichen zum bürgerlichen Mobiliar übergegangen und hatte dem Hotel einen swimming pool zugefügt.

Die Enkelin, Hélène, ist dann schon bei Ducasse, einem der Drei-Sterne Köche Frankreichs, in die Schule gegangen.
Sie hat sich später in Paris niedergelassen und sich dort bereits zwei Sterne erkocht. Gelegentlich tritt sie im Fernsehen auf .
Als sie mit der großen weißen Kochmütze und Tennisschuhen vor mir stand, war ich verblüfft, wie klein und zierlich sie war. Aber welch ein Ehrgeiz und welche Energie verbarg sich hinter dieser zerbrechlichen Hülle!

Wir bestellten eine Entenstopfleber in Entenbrühe gegart als Vorgericht, gefolgt von einer jungen Taube im Bambuskorb auf einem Gemüsebett gedünstet. Das war ein leichtes und angenehmes Mahl.

Wann immer möglich, esse ich die Entenleber in einer Fleischbrühe gegart, weil das hervorragend schmeckt und sich nur die besten Leber für diesen Garprozeß eignen. Ich bin dann sicher, daß ich erste Qualität bekomme. Die zweitklassigen Waren schmelzen beim Garen in der Bouillon weg.

Nach dem Essen hatten wir die Grundlage, um einige Armagnac Produzenten zu besuchen. Es gibt noch einige Bauern, die den Armagnac für lange Jahre einlagern, dreissig, vierzig, fünfzig Jahre. Die meisten verkaufen die Rohware aus Geldmangel an Händler, die grosse Keller anlegen und den jungen Brand in Eichen- und Sherryfässern einlagern.

Der Armagnac ist wie die Landschaft, wo seine Trauben wächsen: ein karger Geselle, der sich erst spät erschliesst. Einen Armagnac vor 20 Jahren Lagerzeit im Fass zu trinken, ist schade. Erst dann erfahren Sie seinen ganzen Geschmacksreichtum. Die jungen Armagnac haben diesem Göttergetränk einen schlechten Namen gegeben.

Von 20 Jahren an, besser noch von 40 Jahren an, ist er auch ein Getränk, das Frauen mögen. Er hat dann um die 42 Grad Alkohol , ist weich und einschmeichelnd und hat ein enormes Bukett.

In Deutschland gibt es wenig Händler, die davon etwas verstehen. In einem grossen Berliner Hotel bot man mir für viel Geld einen fünfzigjährigen Armagnac an, der gerade fünf Jahre im Fass verbracht hatte - ein Armagnac also, der nicht viel Wert ist.
Es zählt nur die Zeit, die er im Fass gelagert wurde. Seriöse Händler bestehen darauf, dass die Flaschen das Datum tragen, an dem der Armagnac in die Flasche abgefüllt wurde.
Wenn das fehlt, verzichten Sie auf diesen Armagnac.
Die Leute im Erzeugungsgebiet sagen: der Armagnac heilt alles. Aber es ist halt auch das Land der drei Musketiere. Ich allerdings würde meine Hand dafür ins Feuer legen, dass er fast alles heilt.

Auf dem Rückweg kam Daniel noch einmal darauf zu sprechen, warum ich mich im Baskenland niedergelassen habe. Meine Erklärung, dass mir Saint Jean de Luz und die Küste so gefallen haben. schien ihm nicht einzuleuchten. Er war ganz offensichtlich misstrauisch, dass ein deutscher Journalist sich in diesem kleinen Nest im Baskenland niederlässt. Und zudem noch solo.

Ich konnte sein Misstrauen nicht entwaffnen. Aber so war es: ich hatte die ganze Atlantikküste abgefahren, weil ich einen Ort suchte, wo ich ein paar Jahre am Meer verbringen und ein Buch schreiben würde und Saint Jean de Luz gefiel mir am besten.

Sorry Daniel, ich war weder Agent noch Schmuggler, noch auf der Flucht.Aber es hat mich gefreut, Dich kennenzulernen.

Die Vermieterin

Es gibt kaum einen besseren Ort in Frankreich, um wirklich frisches Seegetier aller Art zu kaufen als die Hafenstadt Concarneau in der südlichen Bretagne. Wann immer ich es ermöglichen kann, fahre ich für zwei, drei Wochen im Spätherbst nach Concarneau, um meiner Leidenschaft für Muscheln, Krabben, Hummer und Fischen der feinsten Art zu frönen und lange Spaziergänge an den weit geschwungenen Stränden zu machen.

Beim letzten Mal hatte ich eine Wohnung in einem Haus an einem kleinen Meeresarm gemietet, das von zwei freundlichen Damen bewohnt war: Mutter und Tochter, die Mutter war 80 Jahre alt, die Tochter um die Fünfzig.

Die Gesellschaft der Mutter war sehr unterhaltend, die der Tochter ausgesprochen langweilig. Ab und zu pflegte sich die alte Dame aufzudonnern - große Schminke, das beste Kleid - wie früher, als ihr Mann noch ein sehr erfolgreicher Geschäftsmann in Concarneau war.
Dann sah sie fabelhaft aus. Sie hatte eine sehr elegante Art, sich anzuziehen und sich zu schminken. Ihr inzwischen sehr zerbrechlicher Körper war nicht nur gekrönt von einem starken Willen, sondern auch von jenem kühnen Raubvogel-Profil, das man adligen Seelen zuschreibt.

Ihre Tochter hatte einst ein Verhältnis mit einem Seemann, einem Offizier der Handelsmarine, hat mir ihre Schwester, die im Nebenhaus wohnt, anvertraut. Diese Beziehung hat offenbar sehr lange gedauert, aber dann doch nicht über ihr vierzigstes Lebensjahr hinaus gereicht. Seitdem der Seemann sie verlassen hatte, war sie überzeugt, daß es keine Gentlemen mehr gibt, daß die Männer nicht mehr viel taugen und daß man sie am besten meidet. Nach dem Tode ihres Vaters hatte Mademoiselle ihre Tätigkeit in der Gemeindeverwaltung aufgegeben und sich ganz ihrer Mama gewidmet.

Inzwischen, viele Jahre später, vollendet sie kaum mehr einen Satz, ohne von Maman zu sprechen und sich Gedanken darüber zu machen, was sie wohl sagen, machen, entscheiden würde. Maman war zu ihrer Lebensaufgabe geworden. Sie versorgte sie, wie sie ihr Kind versorgt hätte. Das Leben war nun einfach und klar und gut. Es war voller Hingabe und Geborgenheit.

Maman war da jedoch völlig anderer Meinung. Sie vermißte einen Mann im Haus. Sie hätte gerne gesehen, daß Mademoiselle geheiratet hätte und man zu Dritt in dem Haus am Meer leben würde. Zudem hätte das, so wie Madame die Männer in Erinnerung hatte, Geld ins Haus gebracht.

Mutter und Tochter hatten ein Einkommen aus einer Frühpension der Tochter und einer kleinen Rente der Mutter, ein Einkommen, das nicht hin und nicht her reichte.

Die alte Dame mußte daher auch mich, der ich allein und ungebunden auftauchte und dazu noch in einem großen Wagen, als einen der möglichen Kandidaten ins Auge gefaßt haben. Sie lud mich zum Essen ein.

Sie hatte sich dazu sehr fein gemacht und auch ihrer Tochter das beste Gewand empfohlen.

Die Tochter kochte ausgezeichnet. Madame wurde während des Essens nicht müde, mir zu versichern, daß Mademoiselle in der Küche absolut perfekt sei und auch sonst sehr viele Tugenden habe.

Die wortreiche Beschreibung der Vorzüge ihrer Tochter hinderte sie nicht, bei ausnahmslos allen Gerichten kräftig zuzulangen, während ihre Tochter sich mit Vogelportionen zufrieden gab.

Wir hatten eine angeregte Unterhaltung. Wie es in Frankreich üblich ist, verabschiedete ich mich nach dem Kaffee. Ich tat es mit vielen Komplimenten für die Kochkünste der Tochter, ohne jedoch die geringsten Anzeichen einer Neigung für Mademoiselle erkennen zu lassen. Ich wurde danach nicht mehr eingeladen.

Am nächsten Tag schickte ich den Damen einen kleinen Blumenstrauß und eine große arraignée de mer, eine wunderbar schmeckende Krabbe, die ich bei weitem dem Hummer vorziehe. Maman sei sehr erfreut gewesen, berichtete Mademoiselle, und bedanke sich sehr.

Die beiden Damen mußten also im Sommer vermieten, um ihre Einkünfte zu verbessern. Sie besaßen ein Stadthaus, das zu ihrem großen Leidwesen schon sehr renovierungsbedürftig war, und das sehr hübsche und neuere Haus am Meer. So vermieteten sie im

Sommer das Haus am Meer und zogen in die Stadt.

Von der Strandvilla aus hatte man einen wunderschönen Ausblick auf die kleine Meeresbucht. Eines Tages, als Mademoiselle die Tochter, wieder einmal einen Besuch machte, um nach dem Rechten zu schauen, wanderten wir durch den Garten zum Meer hinunter. Plötzlich deutete sie völlig unvermittelt auf die Mitte des Meeresarmes hin.

"Dort", sagte sie, "haben die Deutschen meinen Bruder erschossen."

Ich war überrascht und perplex. Warum sollten die deutschen Soldaten einen Jungen von höchstens 16 oder 17 Jahren, der wahrscheinlich zum Fischen hinausfuhr, erschießen?

Der Einwand überraschte sie nicht. "Sie haben Wettschießen gemacht. Es waren zwei Soldaten, die am Ufer Wache standen und sich langweilten," sagte sie .

Dann verlor sie kein Wort mehr darüber. Ebenso unvermittelt wie sie von dem Tod ihres Bruders berichtet hatte, brach sie das Thema wieder ab. Wir gingen zum Haus zurück.

Dort angekommen sagte sie, das Vermieten fiele ihr schwer. Zuerst, noch unter dem Eindruck des Krieges, habe sie nur Engländer haben wollen. Aber das seien schlimme Erfahrungen gewesen. Die Engländer seien nicht sehr sauber und hausten mit wenigen Ausnahmen wie die Vandalen. Sie hätten viele schöne alte Sachen kaputt gemacht und die Einrichtung einer Nachbarin innerhalb kurzer Zeit ruiniert.

Seitdem nehme sie nur noch Deutsche. Die zahlten gut, seien sehr sauber und überaus ordentlich. Man könne sich zwar nicht mit ihnen unterhalten und vom Essen verstünden sie auch nichts, aber sie habe mit den Deutschen nie Schwierigkeiten gehabt.

Die Deutschen seien ganz einfach die Besten.

Napoléon ist an allem schuld

Bei einem Besuch in Straßburg.

"Warum haben die Geschäfte in Straßburg am Karfreitag nicht geöffnet wie in jedem anderen Teil Frankreichs ?" fragte ich den Nachbarn an der Theke eines bistros hinter der Kathedrale.

"Das war immer so im Elsaß ", lautete die lakonische Antwort.
Ich beäugte ihn. Er war höchstens Mitte Vierzig.
Schließlich fügte er hinzu : "Das ist wegen des Konkordates."
"Also das deutsche Erbe", konnte ich mir nicht verkneifen zu sagen.

Bevor mein Nachbar antworten konnte, mischte sich der Kellner ein.
"Hat nichts mit dem deutschen Erbe zu tun! Das stammt noch aus Napoleons Zeit."
Wir lachen beide zur gleichen Zeit los, der Elsässer und ich.
"Sie sehen es", sagt der Elsässer zu mir, "das ist ein Tourist aus dem Innern, der hier arbeitet." (Für die Elsäßer ist der Rest Frankreichs das Innere)

Der so angesprochene, der offensichtlich ein alter Bekannter des Elsässers war, stammte aus dem Norden Frankreichs.
Er hatte einen ertappten Ausdruck im Gesicht. Er zuckt mit den Schultern, so als wollte er sagen: Was regt ihr euch auf. Das weiß doch jeder.Wenn einer zu genau fragt, dann lautet die Antwort: ca date de Napoléon!

"Sie sind Deutscher?" fragt der Elsässer.
"Ja" , sage ich.
"Die geschlossenen Läden am Karfreitag und der zweite Weihnachtsfeiertag sind noch ein Überbleibsel aus der deutschen Zeit."
"Alors bonne journée!"
"De même", sagt er.

Wer bin ich ?

Manchmal mag es Ihnen auf die Nerven gehen, dass bei vielen Franzosen noch immer eine latente Deutschenfeindlichkeit vorherrscht.

Vergessen Sie jedoch nicht, dass der Franzose seit dem Zweiten Weltkrieg, mit de Gaulle in London und Pétain in Vichy, ein gespaltenes Bewusstsein spazieren trägt und seitdem auf der Suche nach sich selbst ist.

Es gelingt ihm nicht ein klares Bild von sich zu entwerfen. Seine Identität bleibt verschwommen. Sie hat nur gleich nach dem Zweiten Weltkrieg im Negativen, im Hass auf alles Deutsche klare Konturen gezeigt.

Aber die fast vierzig Jahre mit Erfolg aufrecht erhaltene Fiktion von dem Frankreich, das geeint im Widerstand gegen den deutschen Unterdrücker kämpfte und aus reinem Herzen den „boche" hasste, liess sich ja nicht ewig aufrecht erhalten.

Das Bild ist inzwischen realistischer geworden. Aber immer noch schwingt unterbewusst eine gewisse Sehnsucht nach dem Hass nach, der alles so viel einfacher machte.

Niemand empfindet diesen Makel deutlicher als die Franzosen selbst. Aber die Versuchung ist allgegenwärtig und dauert an. Sie haben auch 2005 noch die Chance, in Frankreich als boche tituliert zu werden oder als Hunne oder ein Hakenkreuz auf ihrer Tür zu finden.

Cogito ergo sum ?

Mehr als jeder andere Europäer lebt der Franzose auf zwei Ebenen - er nimmt das, was er denkt für die Wirklichkeit(Descartes: Cogito ergo sum) und das, was wirklich ist, für eine bedauerliche Entgleisung, mit der er resigniert und tolerant umgeht. Er lebt daher vorzugsweise in der Vergangenheit oder in der Zukunft und fast nie in der Gegenwart.

Wenn man sich mit einem intelligenten Franzosen unterhält, hat man oft den Eindruck, dass er gar nicht präsent ist, sondern , wie es Madame de Stael bereits vor 200 Jahren notierte, gewisse, in seinem Land allgemein akzeptierte Formeln wiederholt, die er stets parat hat, sei es zum Thema Politik, Theater oder Wirtschaft. Das verleiht ihm den Ruf und Ruhm geistvoller und glänzender Konversation.

Das macht auf der anderen Seite den Umgang mit ihm in der Politik so schwierig und im persönlichen Gespräch manchmal so stelzig, ja oft langweilig.

Das 20. Jahrhundert begann 1914.

Am 31. Juli 1914 wurde der wohl bedeutendste französische Sozialist, Jean Jaurès, am Vorabend des Ersten Weltkrieges in einem Pariser Restaurant von einem nationalistischen Fanatiker erschossen.

Bis zuletzt hatte er gehofft, dass die internationale Arbeiterbewegung den Krieg verhindern werde. Es war Jaurès, der die Zeitung L Humanité gründete, der darauf hin gearbeitet hatte, dass sich die französischen Sozialisten 1905 zur Section francaise de l Internationale ouvrière (SFIO) zusammenschlossen. Seine pazifistische Haltung und seine Verständigungsbereitschaft gegenüber Deutschland hatten ihn bei den bürgerlichen Parteien Frankreichs zutiefst verhasst gemacht. Die Vernunft, die Jean Jaurès predigte, war für sie Landesverrat. Im Paris von 1914 war man in der gleichen absurden Selbstmordstimmung wie im übrigen Europa.

Der Mörder von Jean Jaurès wurde bald gefasst. Er wurde nie bestraft. Nicht vor dem Krieg, nicht im Krieg und nicht nach dem Krieg. War er nicht ein mutiger Patriot? Hatte er nicht getan, was ein nationales Anliegen war?

Noch im Juni 2002 schreibt der französische Historiker Emmanuel Le Roy Ladurie, Mitglied des Institut de France, in der konservativen Zeitung „Le Figaro", dass der Beginn des Ersten Weltkrieges auf französischer Seite eine defensive und legitime Aktion darstellte, angesichts des Angriffes der Armee des Kaisers.
Wir sind in Frankreich, in manchen älteren Köpfen und selbst in aktuellen Gazetten, immer noch im Jahr 1923, als im Versailler Friedensvertrag die Alleinschuld Deutschlands am 1. Weltkrieg festgeschrieben wurde.

Morbus USA

Wenn unter den Franzosen etwas sehr verbreitet ist, dann ist es ihre anti-amerikanische Einstellung. Wer in Frankreich leben will, wer Umgang mit Franzosen hat, muss sich darauf gefasst machen. Es ist völlig überflüssig, für die Amerikaner eine Lanze zu brechen. Die Mehrheit der Franzosen ist in diesem Punkt unheilbar.

Sie sind natürlich in Europa nicht die Einzigen, die an dieser Krankheit leiden. Die letzten Parlamentswahlen in Deutschland haben dies zu Genüge deutlich gemacht. Aber während diese Krankheit in Deutschland so neu erworben ist, dass noch der Verkaufszettel daran hängt, hat sie in Frankreich - wie es sich für eine grosse Nation gehört - natürlich eine jahrhunderte alte Tradition.

Es war keineswegs, wie Sie naheliegend vermuten könnten, de Gaulles Einfluss und Politik. Er hatte zwar in seinem Londoner Exil von den Amerikanern wie Engländern tiefe Demütigungen erfahren, die er nie vergessen hat.
Aber die Wurzeln der anti-amerikanischen Einstellung der Franzosen gehen tiefer. Der Ursprung dieser völlig irrationalen Haltung liegt weiter zurück. Irrational, weil diese negative Grundhaltung gegenüber allem Amerikanischen schwer zu begreifen ist.

Frankreich hat nie mit Amerika Krieg geführt, was man nicht von England oder Deutschland sagen kann. Im Gegenteil, Frankreich hat den Unabhängigkeitskampf der Amerikaner gegen England unterstützt.

Amerika hat im Ersten Weltkrieg ebenso wie im Zweiten das Blut seiner Söhne vergossen, um Frankreich zu retten. Es hat ihm mit dem Marshall-Plan enorme Mittel zukommen lassen, um nach dem Krieg wirtschaftlich wieder auf die Beine zu kommen - Gelder, die die Franzosen umgehend in ihre letzten Kolonialkriege gesteckt haben
Aber trotz all dieser Hlfe und Freundschaftsbezeugungen in der Vergangenheit besteht diese grosse Abneigung von Seiten der Franzosen! Wer soll das verstehen.

Und wie soll man dieses von oben Herabschauen auf die angeblich so primitive amerikanische Kultur begreifen, das heute noch unter den Intellektuellen Frankreichs im Schwange ist.
Vor allem in einer Zeit, da man kaum sagen kann, dass sich die französische Kultur in einer Blütezeit befindet.

Natürlich haben die Franzosen selbst auch über diese Krankheit nachgedacht und Bücher geschrieben, zuletzt noch im Jahr 2002 zwei dicke Wälzer.

Manche sehen die Wurzeln dieser hochnäsigen Haltung gegenüber den USA bis in das 18. Jahrhundert zurückreichen, bis zu dem Hof von Versailles. Damals stand Frankreich im Zenit seiner Macht und es fällt nicht schwer, sich vorzustellen, mit welchem Hochmut die französischen Aristokraten auf die in ihren Augen von jeder Kultur fernen amerikanischen Siedler und ihren neuen Staat herabblickten. Selbst ein so genialer Kopf wie der spätere amerikanische Präsident Thomas Jefferson hat das in den vier Jahren als Gesandter in Paris erfahren müssen.

Diesen Hochmut gegenüber Amerika findet man auch bei Talleyrand , der nach Ausbruch der Revolution von 1789 an der amerikanischen Ostküste Zuflucht gefunden hatte und von da aus schrieb, dass er sterben würde , wenn seine unfreiwillige Emigration noch länger andauere.

Selbst bei Tocqueville findet sich diese Hochnäsigkeit gegenüber den Amerikanern und sie setzt sich fort bis hin zu Sartre. Es gehörte nach 1945 bei den französischen Intellektuellen zum guten Ton, kein gutes Haar an den Amerikanern zu lassen. Sie alle fühlten sich so haushoch überlegen.

Es ist am besten im Umgang mit Franzosen diese latente Feindseligkeit gegenüber den USA als das zu sehen, was es heute geworden ist: eine Macke.

Zumal der gebildete Franzose New York und San Francisco als zweite Heimat erkoren hat und völlig frei ist von diesem anti-amerikanischen Tick.
Aber die Gebildeten sind nicht mit den Intellektuellen zu verwechseln, die sich lautstark in den Gazetten breitmachen und sie sind, wie überall, eine winzige Minderheit.

Der Fall Heidegger

Franzosen lieben an den Deutschen vor allem das, was ihnen am wenigsten zugänglich ist. Zum Beispiel Martin Heidegger.
Es ist so, als suchten sie all das heraus, was eine nahe Verwandtschaft in Abrede stellt. Sie legen wert auf Distanz - immer noch.

Für einen Deutschen ist die Lektüre der Schriften des Philosophie Professors Martin Heidegger eine Gratwanderung, eine konstante Anstrengung, sich in dem Deutsch des Philosophen zurecht zu finden. Gibt es einen Franzosen, der dem Deutsch Heideggers gewachsen ist?

In einem Erinnerungsbuch zu Ehren Martin Heideggers berichtet Carl Friedrich von Weizsäcker, dass er manchmal mit der schriftlichen Diktion Heideggers Schwierigkeiten hatte und sich dann dem Meister gegenüber "mit bescheiden vorgebrachten Albernheiten" half.
Dabei habe er ihm einmal die ostjüdische Geschichte von einem Mann erzählt, der monatelang im Wirtshaus sass. Schliesslich wurde der Mann gefragt: Warum eigentlich?
Ach, sagte er, meine Frau.
Nun, was ist mit ihr?
Die redet und redet und redet...
Was redet sie denn?
Das sagt sie nicht.
Heidegger habe darauf hin gesagt: So ist es.

Und das offenbar macht die Faszination der Franzosen mit Heidegger aus. Die Unbegreiflichkeit des Deutschen.

Heidegger, der Hitlers Machtergreifung begrüsst hatte, der vorher nie ins Ausland gekommen war, verbrachte an seinem Lebensabend drei Sommer in der Provence in dem Landhaus von René Char, dem Dichter der Résistance.

Unterhalb von drei Michelin Sternen lebt man riskant

In den drei Sterne Restaurant bekommen Sie in Frankreich auch heute noch ein gutes Mahl. Aber zu welchem Preis! Alles, was unter drei Sternen liegt, ist Glückssache. Nur allzu oft ist die Rechnung sehr hoch und die Qualität mässig bis miserable.

Ich habe im Südwesten des Landes, in der Nähe der Pyrenäen, in einem zwei Sterne Restaurant ein Rebhuhn serviert bekommen, an dem man sich die Zähne ausbeissen konnte. Ich erfuhr dann, dass der Chef zur Zeit auf Vortragsreise war. Offensichtlich hatte er als zweiten Mann irgendjemand genommen, weil er Geld sparen wollte. Nur ein Beispiel von vielen.

Dennoch, In der französischen Provinz , dans la France profonde, wie die Franzosen es nennen, gibt es noch , was in Deutschland ausgestorben zu sein scheint: wahre Künstler unter den Handwerkern der Küche. Metzger, Fischhändler, Bäcker oder Käse Spezialisten, die im Alltag der kleinen Städte in den Läden oder auf den Märkten mit grossem Stolz und Fachwissen arbeiten.
Wenn man heute in Frankreich immer noch besser isst als in Deutschland, dann liegt es daran, dass die Franzosen bessere Grundprodukte haben: besseres Geflügel, bessere Schweine, bessere Butter und Sahne usw.
So berichtet unser bester Koch, Harald Wohlfahrt, dass er sich lange Jahre lang mit der Herstellung von Blätterteig herumgeschlagen habe, die nie zu seiner Zufriedenheit ausgefallen sei. Eines Tages habe er sich Butter aus dem nahegelegenen Frankreich besorgt - und siehe da, es gelang.

Wir treffen in Frankreich nicht nur häufiger als in Deutschland gute Handwerker an, sondern auch das, was uns zum Schmunzeln bringt: Witz und Schlagfertigkeit.
Als ich in der Markthalle von St. Jean de Luz grüne Erbsen einkaufte und die nicht gerade junge Gemüsefrau völlig überflüssigerweise fragte, ob die Schoten, die kleine Mängel aufwiesen, auch frisch seien, liess die Antwort nicht auf sich warten.
Sie schaute mir direkt in die Augen und antwortete: „Monsieur, bei mir am Stand ist alles frisch - ausser mir."

All das, was Frauen mögen

In den 17 Jahren, die ich in Paris und in der französischen Provinz gelebt habe, habe ich immer wieder beobachtet, dass deutsch-französische Ehen sehr gut verlaufen, wenn der Mann Franzose und die Frau Deutsche ist. Umgekehrt sind die Erfolgschancen offenbar weit geringer.

Eine Französin erklärte mir das mit dem Hinweis, dass die Effektivität der deutschen Frau im Alltag und im Haushalt von ihrem französischen Mann als etwas sehr willkommenes und positives empfunden wird, während die Genialität der Französin in Haushaltsdingen von ihrem deutschen Mann eher als etwas Lästiges, mehr als eine auf die Nerven gehende Schlamperei empfunden wird. Dese Erklärung hat einiges für sich. Sie hinkt jedoch ein wenig, wenn es sich um jüngere deutsche Frauen handelt.

Darüber hinaus muss man hinzufügen, dass die deutsche Frau sich in der Regel von ihrem französischen Mann besser verstanden fühlt als von einem Deutschen. Sie empfindet eine grössere Affinität. Das widerum ist die Grundvoraussetzung für die Entwicklung einer Freundschaft zwischen Mann und Frau, die für die Stabilität einer Ehe von grosser, wenn nicht entscheidender Bedeutung ist.

Fragt man nach den Gründen, warum eine deutsche Frau sich von einem Franzosen besser verstanden fühlt, so stösst man unter anderem auf die Tatsache, dass der Franzose weit sentimentaler ist als der Deutsche und der in der deutschen Frau ohnehin stark vorhandenen Sentimentalität von Natur aus besser entgegenkommt.

Der vielgerühmte kühle esprit cartésien des Franzosen ist nichts anderes als eine clevere und seit Jahrhunderten geübte public relation Aktion, um die von ihm selbst als Makel empfundene übergrosse Sentimentalität zu vertuschen.

Es ist bezeichnend, dass Frankreich keinen einzigen Philosophen von dem Format eines Kant oder Hegel hervorgebracht hat. Philosophie ist nicht Sache der Franzosen. Sie glänzen in dem einfühlsamen Essai, in der Dichtkunst, in der Musik und Malerei. All das, was Frauen mögen.

Eine gewisse Ungeniertheit

Wenn der französische Staatspräsident zu seinen regelmässigen Besuchen nach Berlin kommt, geht Bundeskanzler Schröder mit ihm schon mal in eine Bierkneipe essen oder ein anderes simples Restaurant. Chirac bewirtet Schröder in ähnlicher Weise. Man macht keine Umstände mehr. Wozu auch. Darin liegt eine gewissen Ungeniertheit auf beiden Seiten.

Zudem, wo sollte Schröder den Herrn Chirac auch empfangen? Er hat in Berlin ja nur eine Zwei-Zimmer-Wohnung im Bundeskanzleramt. Er hat den Schlüssel für die offizielle Residenz des Bundeskanzlers zurückgegeben, wo er standesgemäss empfangen könnte. Der Sozialist ist sparsam.

Für einen Franzosen ist das nicht ganz nachvollziehbar. Er hat zu viel Achtung vor der Würde des hohen Amtes, um dem Politiker zu erlauben, hier nach eigenem Gutdünken zu handeln.

Sprachlosigkeit

In dem deutsch-französischen Dialog gab es in den letzten Jahrzehnten viele Komponenten, die oft sehr stark variierten. Nur eine blieb stets konstant: Die Sprachlosigkeit. Nur ein einziger der Bundeskanzler der Bonner Republik sprach fliessend französisch: Willy Brandt.
Nicht ein einziger der Präsidenten der französischen Republik sprach fliessend deutsch. de Gaulle sprach ganz gut, da er als Offizier vor 1914 automatisch deutsch lernte und da er fast vier Jahre als Kriegsgefangener und später Besatzungsoffizier in Deutschland verbracht hatte. Aber er war trotzdem weit davon entfernt, deutsch fliessend zu sprechen. Auch er war wie die anderen bei Verhandlungen auf Dolmetscher angewiesen.

Nur ein einziger der deutschen Kanzler konnte die Meisterwerke der französischen Literatur lesen. Die anderen mussten auf Übersetzungen zurückgreifen. Die französische Seele und Mentalität blieben für sie ein Buch mit sieben Siegeln. Bundeskanzler Schröder war angesichts dieser Situation so klug, sich die ehemalige Dolmetscherin im französischen Aussenministerium, Brigitte Saucay, ins Bundeskanzler Amt zu holen, damit sie ihm die französische Wesensart übersetze. Leider ist Brigitte Saucay 2003 gestorben und ihr Amt wurde nicht neu besetzt.

Aber was war vorher? Wenn de Gaulle dem deutschen Bundeskanzler sagte: „En principe je suis d `accord". Dann wurde daraus in der Übersetzung: Ich bin im Prinzip einverstanden.
In der Sprache der französischen Diplomatie existiert jedoch im Dialog mit befreundeten Nationen kein krasses Nein. Das „en principe, je suis d accord heisst: nicht einverstanden.
Wie oft kamen deutsche Bundeskanzler aus Paris zurück und verkündeten freudig, dass man einer Meinung sei - nur um kurz darauf aus der französischen Presse zu erfahren, dass hier wohl ein Missverständnis vorliegen müsse.

Aus dieser Sprachlosigkeit wuchs das Verlangen auf beiden Seiten, die Sprache des anderen in den Schulen beider Länder stärker zu fördern.
Seit der Unterzeichnung des deutsch-französischen Freundschaftsvertrages am 22.Januar 1963 heben die Regierungschefs beider Länder immer wieder die Notwendigkeit hervor, den Sprachunterricht zu fördern. Denn die Sprache ist das beste Mittel, um den Partner zu verstehen und seine Kultur und seine Art zu arbeiten und zu leben zu begreifen, heisst es erst 2004 wieder in einer Verlautbarung nach einem Treffen Chirac-Schröder.

Aber wenn Chirac und Schröder in einer Kneipe beim Bier sitzen, dann radebrechen sie in Englisch, aber wenn sie Tacheles reden, wenn es ums Geld geht, muss ein Dolmetscher her.

Der gute Wille, etwas gegen die Sprachlosigkeit zu tun , war indessen immer vorhanden. Als Bundeskanzler Kohl und Staatspräsident Mitterand sich 1997 trafen, sprachen sie davon, bis zum Jahr 2000 die Zahl der Schüler, die die Sprachen des anderen lernen, zu verdoppeln. Daraus wurde nichts. Im Gegenteil, die Zahl nahm ab.

Bundeskanzler Schröder und sein Kollege Raffarin sprachen 2003 davon, die Zahl in den nächsten Jahren um 5o Prozent zu erhöhen.
Die Wirklichkeit sieht jedoch anders aus. Sie entspricht dem flagranten Desinteresse der Schüler und Eltern an der Sprache Goethes oder Victor Hugos. Sie wollen Englisch und Spanisch lernen.

Wenn der bisherige Abwärtstrend anhält, wird der Französisch Unterricht in deutschen Schulen von augenblicklich 17 Prozent aller Schüler in wenigen Jahren auf fünf Prozent zurückgegangen sein und in Frankreich der Deutsch-Unterricht in den staatlichen Oberschulen vermutlich ganz eingestellt werden und nur noch privat gelehrt werden, weil nirgendwo mehr das vom Ministerium festgelegte Minimum von sechs Schülern pro Deutschklasse erreicht sein wird.
Die Sprachlosigkeit nimmt nicht ab. Sie nimmt rasant zu.

Wie kurzsichtig auch auf deutscher Seite gehandelt wird, zeigt die Tatsache, dass die Mittel für das von Adenauer und de Gaulle 1963 geschaffene deutsche-französische Jugendwerk ganze 20 Millionen Euro betragen. Das sind nur ein Drittel der Mittel, die beide Länder 1963 zur Verfügung gestellt haben und weit weniger als die Abfindung für einen Industrieboss

Das Jugendwerk hat seit 1963 sieben Millionen Jugendliche beider Länder zusammengebracht, damit sie sich kennenlernen und miteinander austauschen. Ein enorm wichtiges Unternehmen um wieder Vertrauen zu schaffen.
Auch hier, Tendenz fallend . Auf Französisch: C est la vie !

Une certaine idée de la France

„Toute ma vie, je me suis fait une certaine idée de la France." Mit diesen Worten beginnt der zweite Band der Mémoiren des General de Gaulle(L' Appel). Wer immer etwas von den Franzosen begreifen will, muss diesen ersten Absatz lesen, in dem de Gaulle la France als eine Prinzessin, als eine Madonna der alten Fresken sieht. Er endet mit den Worten : ..."à mon sens, la France ne peut être la France sans la grandeur."

Nirgendwo anders in der Welt ist das Verhältnis des Bürgers zu seinem Land so innig verknüpft mit einer hehren Vorstellung der Verehrung. La France sitzt so tief und besitzergreifend in seinem Herzen wie das Bild der Frau, die er über alles geliebt hat.

Die eigentliche Schmach füer den Franzosen war nicht die Niederlage von 1940, nicht die vier Jahre deutscher Besatzungsssarmee im eigenen Lande. Es war nicht das erste Mal, dass die Deutschen in Paris und Versailles standen und sich bedienten.

Was die Besten im Lande so tief verletzte und so grossen Hass hervorrief, das war die Tatsache, dass die Deutschen als Nazis kamen, als Träger einer zutiefst amoralischen und verbrecherischen Gesinnung, die das Antlitz der Madonna beschmutzten.

Das Hakenkreuz

Im Jahr 2000 entdeckte ich eines Morgens auf meiner Kellertür ein Hakenkreuz. Ich wohnte zu diesem Zeitpunkt in einer Residenz im südfranzösischen Biarritz - der Ort, den Bismarck gewählt hatte, um sich drei Monate an der See von seinem Regierungsgeschäft in Berlin zu erholen , der Ort, wo er eine leidenschaftliche Affaire mit einer russischen Gräfin hatte, ohne je zu versäumen , seiner geliebten Frau daheim in Deutschland zärtliche Briefe zu schreiben.

Man kann sich vorstellen, dass die Bundeskanzler der deutschen Nachkriegsrepublik Affairen hatten. Aber dass sie sich drei Monate Zeit nehmen, um sich, zumal noch in Frankreich, an der See zu erholen, das ist nicht vorstellbar.

Ich muss gestehen, dass ich über das Hakenkreuz an meiner Kellertür ziemlich verblüfft war. Ich hatte zwar schon des öfteren in den 90ziger Jahren, als ich im nahegelegenen Saint-Jean-de-Luz wohnte, erlebt, dass man mich einen sale boche nannte, aber das waren jeweils junge Leute, die dieses Wort nur nachplapperten.
In dem Haus, in dem ich das Hakenkreuz vorfand, wohnten keine jungen Leute. Dazu war die Residenz in Biarritz zu teuer. Die Leute dort waren schon eher in dem Alter, sich noch gut an den Zweiten Weltkrieg zu erinnern. Das war schwerwiegender als der im jähen Zorn herausgefluchte sale boche.

Ich hatte dann ein Gespräch mit den Chef der Polizei von Biarritz, einer sehr klugen Frau, die mich fragte, ob ich Anzeige erstatten will. Ich verneinte und sagte, ein Brief an den Verwalter der Residenz würde genügen. Schliesslich sprach ich mit einigen Bewohnern der Residenz, die ich kannte.
Ich bekam danach einen Brief von dem Vorsitzenden der Eigentümer-Versammlung dieser Residenz, der sich von dieser Tat distanzierte. Einer der Mitbewohner der Residenz beteuerte mir, dass er immer für Pétain gewesen sei - was wohl sagen sollte, dass er stets freundlich mit den Deutschen kollaboriert habe.

Warum im Jahr 2000 das Hakenkreuz?
Es ist wahrscheinlich die Kehrseite der Medaille, dass der Deutsche heute in Frankreich ein so gut wie unbekanntes Wesen ist. Man weiss so wenig vom Deutschen von heute, dass immer noch die Nazi Fratzen als Identifikationshilfen herhalten müssen.

La Grande nation

Wer an dem Ruhm und der Grösse der französischen Nation zweifelt, der begeht, auch heute noch, das grösste aller nur möglichen Verbrechen. Ein Verbrechen, für das es keine Vergebung gibt.
Avoir la passion de la France et avoir le sens de la grandeur - sind die ersten Bürgertugenden der französischen Elite.
Im Arikel 3 der Erklärung der Menschenrechte von 1789 heisst es: Le principe de toute souveraineté réside essentiellement dans la nation.
Die Nation wird in der französischen Revolution von 1789 zwar nicht erfunden, aber zum Altar gemacht, - was vorher niemand eingefallen wäre.
Es ist also nicht von ungefähr und von gestern, dass die Franzosen in diesem Punkt so empfindlich sind.
Freilich haben die nationalstaatlichen Exzesse im Ersten und Zweiten Weltkrieg derartige Leiden mit sich gebracht, dass selbst in Frankreich die Idee einer post-nationalen Gesellschaft an Boden gewann.
Einer der hervorragendsten Chefs der Résistance, Henri Frenay, auf dessen Kopf die Gestapo ein Vermögen ausgesetzt hatte, schreibt bereits 1941 :
„L' évolution historique du monde tend à l' élargissement constant des frontières politiques et économiques. Le résultat minimum de la guerre doit être l' instauration d' une Europe, politiquement, économiquement et spirituellement unie, étape vers l'unité mondiale. (Das Minimum Resultat des Krieges muss ein politisch, wirtschaftlich und geistig vereintes Europa sein..)
Les Etats doivent s'adapter à une loi inéluctable de l'Histoire qui va vers une interdépendance généralisée."

Für die Widerstandskämpfer der ersten Stunde, die Patrioten, konnte es nicht der einzige Sinn der Résistance sein, die Deutschen wieder aus Frankreich herauszuschmeissen. Sie wollten das Leiden des Krieges und des Widerstandes in eine Hoffnung verwandeln und diese Hoffnung hiess Frieden in einem Vereinten Europa.
Freilich sorgten sehr bald die Mitläufer der Résistance, die die Nachkriegszeit beherrschten und die Idealisten im Handumdrehen ausbooteten, dafür, dass ein Vereintes Europa nicht zustande kam, dass Frankreich alles torpedierte, was die Souveränität der französischen Nation in Frage stellte.
Die Hellsichtigkeit der Helden der Résistance wurde in eine Art Spektakel der Illusionen verfälscht: die Illusion, den Krieg gewonnen zu haben, die Illusion eine Grossmacht zu sein, die Illusion eine Wirtschaftsmacht zu sein und die Illusion, von allen in der Welt bewundert zu werden.
Niemand kann es unter diesen Umständen verwundern, dass die Franzosen manchmal so schwierig sind. Sie erkennen sich selbst nicht wieder - und das seit einem halben Jahrhundert.

Doigté et pitié

General Charles de Gaulle war der Mann, dem Frankreich vor allem verdankt, dass es nach dem Zweiten Weltkrieg am Tisch der Sieger Platz nehmen konnte und nicht , wie die Amerikaner zunächst geplant hatten, von einer alliierten Militärregierung verwaltet wurde. de Gaulle ist zugleich der Mann, der im 20. Jahrhundert einige der vornehmsten Charaktereigenschaften seines Volkes verkörperte.

Der Berufssoldat de Gaulle war bereits im Ersten Weltkrieg als Hauptmann in den Krieg gegen Deutschland gezogen und dann 1916 in der blutigsten Schlacht dieses Krieges vor Verdun bei einem deutschen Angriff im Nahkampf durch einen Bayonnet-Stich verwundet worden und darauf für zweieinhalb Jahre in deutsche Gefangenschaft geraten. Er machte einige Fluchtversuch, die jedoch alle scheiterten.

Als er dann nach Hause kam, stellte er fest, dass seine Regierung ihm während der Gefangenschaft nur die Hälfte seines Soldes überwiesen hatte und die Zeit in Deutschland nicht für seine Beförderung angerechnet wurde. Er musste in einen zweiten Krieg ziehen, um das zu reparieren. Er meldete sich freiwillig als Militärberater der polnischen Regierung während der Invasion der sowjetischen Truppen. Man kann nicht gerade sagen, dass sich Frankreich gegenüber seinen besten Söhnen sehr grosszügig verhält.
Danach finden wir im Jahr 1927 de Gaulle erneut in Deutschland als Major und Kommandeur eines Bataillons der französischen Besatzungstruppen in Trier wieder. Und hier erinnert sich sein Sohn Philippe, dass sein Vater eines Tages mit einer schwarzen Trauerbinde am Arm seiner Uniformjacke nach Hause kam.

Man fragte sich in der Familie, was das zu bedeuten habe, weil doch niemand aus der näheren oder weiteren Familie verstorben war. de Gaulle erklärte:
Ein junger Soldat seines Bataillons war an einer Lungenkrankheit gestorben. Er war ein Findelkind und hatte daher niemand, der um ihm trauern würde. So legte de Gaulle für ihn die Trauerarmbinde an.
Seine Familie sah ihn fast sechs Monate mit dieser Trauerarmbinde an seiner Uniform, so als ob einer seiner Nächsten verstorben wäre.

Michel de Montaigne

Es gibt nur einen Schriftsteller in der Geschichte Frankreichs, der mit einem einzigen Buch bis auf den heutigen Tag in der ganzen Welt berühmt wurde.

Dieser Mann ist Michel de Montaigne, der im 16. Jahrhundert in der Nähe von Bordeaux gelebt und die „Essais" geschrieben hat. Er war der Sohn eines adligen Haudegens aus der Gascogne, königstreu und katholisch und der Tochter einer Kaufmannsfamilie, die wegen der Judenverfolgungen aus Portugal flüchten musste.

Wer in der französischen Politik Anspruch auf Wertschätzung und Rang geltend macht, würde sich nie dabei erwischen lassen, Montaigne nicht gut zu kennen. Viele haben ein Buch über ihn geschrieben, wie zuletzt Jacques Chaban-Delmas, der einstige Minister und Präsident der Nationalversammlung.

Hier liegt einer der wesentlichen Unterschiede zwischen dem Frankreich von heute und der Bonner oder Berliner Republik. Welchem führenden deutschen Politiker würde es je einfallen, sich die Zeit zu nehmen, über einen Dichter und Schriftsteller seines Volkes ein Buch zu schreiben. Sie sind allesamt zu beschäftigt.

Für den Franzosen steht das geistige Erbe Frankreichs so hoch, dass er sich ihm verpflichtet fühlt und bemüht ist, dies zu bezeugen.

Montaignes Buch ist der Ausgangspunkt für die literarische Gattung des Essay, die über viele Jahrhunderte hinweg in Frankreich zur höchsten Vollendung gebracht wurde und auch heute noch so typisch für den französischen esprit ist.

Vor einigen Jahren ist nach zwei Jahrhunderten in Deutschland wieder eine (ausgezeichnete)Übersetzung der „Essais" erschienen. Ein hoffnungsvolles Zeichen für den deutsch-französischen Dialog?

Vielleicht. Montaigne ist der Schlüssel zu Frankreich . Wer ihn nicht kennt, wird Frankreich nie begreifen.

Feiertage

Es gibt zwei Feiertage in Frankreich, an denen die Franzosen offenbar abergläubisch hängen: Das sind der 11. November, der im Kalender als Waffenstillstand 1918, als Sieg über die Deutschen, verzeichnet ist und der 8. Mai, der als Gedenktag des Sieges von 1945 Jahr für Jahr weiter gefeiert wird.

Dazu muss man zunächst einmal sagen: Es entspricht natürlich nicht dem gallischen Temperament, ohne grosse Not zwei arbeitsfreie Tage abzuschaffen. Bundeskanzler Kohl war dennoch der Meinung, als er Hand in Hand mit Staatspräsident Mitterand im Fort Douaumont der Toten des Ersten Weltkrieges gedachte, dass man in 20 Jahren nicht mehr den 11. November in Frankreich feiern werde. Aber Kohl kannte die Franzosen nicht. Sie feiern ihn noch heute.

Natürlich haben die Franzosen selbst, sogar an höchster Stelle (Staatsprasident Giscard d´Estaing) darüber nachgedacht, ob man nicht zumindest einen dieser Feiertage, den 8. Mai , abschaffen könne, weil es an diesem Tag der beginnenden Touristensaison immer zu einem Verkehrschaos um den Arc de Triomphe kommt. Aber daraus wurde nichts. Was ist schon Paris, wenn ein ganzes Land eines Feiertages beraubt werden soll.

Mancher mag in dieser Beharrung auf die Siege über Deutschland ein nicht mehr zeitgemässes Relikt sehen. Und diesem Standpunkt wäre nur schwer zu widersprechen. Aber im Grunde steckt hinter dieser Beharrlichkeit so etwas wie sich selbst Mut und Vertrauen zusprechen. So etwas wie: Wir haben sie besiegt. Wir sind stark.
Les choses étant ce qu elles sont - wie de Gaulle so gern zu sagen pflegte - besteht wenig Hoffnung, dass diese Sieger- Feiertage in Frankreich abgeschafft werden.
Die Franzosen sind noch weit davon entfernt, selbstbewusst in einen Dialog mit Deutschland zu gehen. Sie brauchen immer noch diesen Sieger- Krückstock.

Vergangene Zeiten : Deutsche Soldaten in Frankreich

Im Jahr 1994 hatte der damalige Staatspräsident François Mitterand die Idee, das Euro-Corps bei der traditionellen Parade zum 14. Juli auf den Champs-Elysées mitmarschieren zu lassen. Dazu gehörten auch deutsche Einheiten.
Die Vorstellung, daß deutsche Panzer über die Champs-Elysées rollen, löste eine Protestwelle aus, die in den Medien und Zeitungen ein großes Echo fand. Das Frankreich des Jahres 1994 war ganz offenbar gegen die Teilnahme deutscher Truppen, selbst wenn sie nur als Teil einer europäischen Einheit auftraten, zu der auch Franzosen gehörten.
Mitterand hielt jedoch trotz aller Proteste an seiner Idee fest. Die deutschen Panzer paradierten auf der Pariser Prachtstrasse und die Welt ging nicht unter. Aber es gab auf französischer Seite viel böses Blut .

Nichts davon war an jenem 6. Juli 1962 zu spüren, als die 11. Infantrie Division und die 13. Panzergrenadier Brigade aus Wetzlar zusammen mit französischen Einheiten auf dem Truppenübungsplatz Mourmelon paradierten, in jener Ebene vor Reims, wo deutsche und französische Armeen sich im ersten Weltkrieg möderische Schlachten geliefert hatten.

Anlaß war der offizielle Besuch von Bundeskanzler Adenauer in Frankreich, der eine ganze Woche dauerte.

Es war de Gaulles Wille, die alte historische Stadt Reims und ihre Kathedrale, die von den Deutschen fast völlig zerstört worden war, zum Ort einer symbolischen Versöhnungsgeste auszuwählen.
Vor dem gemeinsamen Gottesdienst nahmen Staatspräsident de Gaulle und Dr. Adenauer in Gegenwart zahlreicher hoher deutscher und französicher Offiziere die Parade deutscher Infantrie zu Fuß und deutscher Panzer ab.
Fernsehen und Presse berichteten in großer Aufmachung über diesen Tag in Reims. Es gab nicht die geringste Kritik an der Gegenwart der deutschen Soldaten auf französischem Boden.

Welch ein Gegensatz 1962 und 1994 ! Wo ist der Fortschritt? Der Rückschritt ist allzu deutlich sichtbar.

Hoffnung, Treu und Glauben

Ich erinnere mich an ein Interview mit dem ehemaligen französischen Außenminister Jean Francois-Poncet im Jahr 1987. Das Thema war das deutsch-französische Verhältnis und die Einigung Europas.

Dabei zitierte ich einige Sätze de Gaulles aus einem letzten Gespräch mit André Malraux, veröffentlicht in dem Buch "Les chênes qu`on abat..."
de Gaulle gab darin seiner Überzeugung Ausdruck, daß Europa nicht mehr die Kraft hat, eine Einigung zustande zu bringen. Er endete mit dem Satz : "Wir erleben heute ohne Zweifel das Ende Europas".

Der Minister war von der Endzeit-Stimmung de Gaulles wenig beeindruckt. "Es sind die Worte eines bitteren, alten Mannes", sagte er. "Europa wird, wenn nicht heute, so morgen Politiker hervorbringen, die die Einigung schaffen werden."

Inzwischen sind einige Jahre vergangen und ich war versucht, ihm erneut die Frage nach Europa zu stellen. Er wohnt gleich nebenan, in einem Nachbar-Departement. Aber ich habe es sein lassen.

Das Verhältnis zwischen Deutschen und Franzosen ist nach der Wiedervereinigung noch schwieriger geworden als es ohnehin schon war, weil Frankreich politisch und wirtschaftlich an Boden verloren hat.

Die Ehre des Soldaten Heinz Stahlschmidt

Am 7. Dezember des Jahres 2000 wurde dem einstigen Feldwebel der deutschen Wehrmacht, Heinz Stahlschmidt, in der Präfektur von Bordeaux die Auszeichnung eines Ritters der Ehrenlegion übergeben. Anwesend bei der Verleihung war der Mann, der ihn dafür vorgeschlagen hatte: Adrien Tisné, ein Angehöriger der einstigen ersten französischen Panzerdivision, die während der Invasion in der Provence gelandet ist. Tisné war wie Stahlschmidt Feuerwerker und Angehöriger einer Minensucheinheit. Abwesend war ein französischer Politiker oder Würdenträger der Stadt Bordeaux. Einige Freunde Stahlschmidts gratulierten ihm - das wars.
Die späte Ehrung - 56 Jahre nach seiner Rettung der Hafenanlagen von Bordeaux - hatte ihre Gründe.

Stahlschmidt, ein Angehöriger der deutschen Marineeinheiten , die in Bordeaux stationiert waren, hatte im Sommer 1944 den Befehl erhalten, Vorbereitungen dafür zu treffen, bei einem Rückzug der Deutschen, die Hafenanlagen von Bordeaux in die Luft zu sprengen. Er verwaltete alle Sprengstoffe im Blockhaus der rue Raze.
Stahlschmidt empfand den Befehl als irrsinnig und war entschlossen , ihn nicht auszuführen. Er suchte über französische Freunde Verbindung zur Resistance aufzunehmen. Aber in der Resistance waren in Bordeaux nur sehr wenige Franzosen engagiert. Der Weinhandel hatte enorm profitiert von den grossen Ankäufen der Wehrmacht, die bar bezahlt wurden. Nicht wenige Unternehmer machten Vermögen mit den Arbeiten am Atlantikwall. Die Resistance überliess man weithin englischen Agenten.

Es gab einige Widerstandskämpfer. Aber keiner, den Stahlschmidt kontaktierte wollte es auf sich nehmen, den Dynamit- Bunker der Wehrmacht mit Hilfe dieses deutschen Unteroffiziers in die Luft zu sprengen. Stahlschmidt musste es schliesslich allein riskieren.
Der Bunker und der Sprengstoff flogen in die Luft. Anschliessend desertierte Stahlschmidt und versteckte sich bei seinen französischen Freunden.

Als die Deutschen dann abgezogen waren, geschah das Wundersame, dass Tausende von Einwohnern von Bordeaux sich als Widerstandskämpfer zu erkennen gaben . Und einige davon erklärten sich als die Retter der Hafenanlagen von Bordeaux .

Ein Deutscher als Retter des Hafens von Bordeaux passte nun wirklich nicht die Landschaft gleich nach dem Krieg. Es war die Zeit, als man de Gaulle bei seinem ersten Besuch nach dem Krieg in Bordeaux einen englischen Offizier vorstellte, der im Gebiet von Bordeaux während der Zeit der deutschen Besetzung ebenso mutig wie verwegen als Agent im Untergrund gearbeitet hatte.
de Gaulle fuhr ihn wütend an: Was machen Sie noch in diesem Land. Gehen Sie nach Hause !

Stahlschmidt kehrte zurück in seine westfälische Heimat. Dort sagte man ihm. dass er als Deserteur geführt sei und am besten dahin zurückkehre, woher er gekommen sei.

So ging Stahlschmidt wieder zurück nach Bordeaux. Dort wussten viele, wer den Bunker in die Luft gesprengt hatte. Man steckte ihn in eine Mannschaft, die die vielen Landminen aus der Kriegszeit zu entschärfen hatte. Jahrelang riskierte Stahlschmidt fast täglich sein Leben.

Schliesslich gab man ihm einen Job bei der Feuerwehr von Bordeaux und damit eine Existenzgrundlage und eine Pension für sein Alter. Er wurde französischer Staatsbürger, hiess nunmehr Henri Salmide und heiratete seine Freundin Henriette.
Sie war auch an diesem Tag , da man ihm den Orden der Légion d Honneur verlieh, an seiner Seite .

Henri Salmide bekam den Orden 6 Tage vor seinem 81. Geburtstag.

Zwei Verluste ergeben ein grundlegendes Mißverständnis

Vielleicht ist es dies, was uns am meisten trennt: Die Deutschen haben sich in den letzten fünfzig Jahren mit ihrer jüngsten Vergangenheit in aller Offenheit und vor aller Welt auseinandergesetzt. Die Franzosen haben sie verdrängt und zu vergessen gesucht.

Sie haben einige der Hauptakteure des Vichy Regimes verurteilt und bestraft und über den Rest den Mantel des Schweigens gebreitet.

de Gaulle hat die Fiktion aufrecht erhalten, daß außer der Vichy Regierung ganz Frankreich im Widerstand war und der französische Staat von den Schandtaten Vichys nicht betroffen war. Denn der Staat, das war er in London.
Vichy war ein Nichts. Es gab also eine klare Kontinuität zwischen der dritten und vierten Republik. Der Staat blieb als moralische Autorität intakt.

In Deutschland gähnte zwischen der Weimarer und der Bonner Republik dieses tiefe schwarze Loch des Dritten Reiches. Der Staat war hoffnungslos besudelt durch die Schandtaten des Nazi Regimes. Es gab keinen Widerstand von einem derartigen Ausmaß, daß er nach dem Krieg als Bewahrer der moralischen Autorität gelten konnte. Die Deutschen standen vor einem Nichts. Der Staat war ihnen abhanden gekommen.

Diese Tatsache hat besondere Bedeutung für die Entwicklung der Nachkriegspolitik in Europa. Die "staatenlosen" Deutschen waren für die Entwicklung auf einen europäischen Staatenbund hin besonders offen.

Die Franzosen dagegen waren in besonderem Maße gegen eine derartige supranationale Entwicklung eingestellt. Sie sperrten sich außerordentlich gegen eine Aufgabe des Nationalstaates. Die Gründe dafür sind an erster Stelle nicht im rationalen Bereich zu suchen.

Die Vernunft besagt eindeutig, daß angesichts der politischen

Weltkonstellation Europa nur dann eine Überlebenschance hat, wenn es sich zusammenschließt. Aber rationale Beweggründe spielen nur selten eine Rolle in der Politik.

Die eigentlichen Gründe für die "anti-europäischen" Überzeugungen der Franzosen liegen weit eher in ihrem Verhalten während der Zeit des Zweiten Weltkrieges und der deutschen Besatzung.

Die Nationalität ist für sie eine Art "Persilschein" vor der Geschichte. Die Fiktion der Kontinuität des Staates während der Kriegszeit, d. h. der moralischen Autorität Frankreichs, erlaubt die besudelnden Flecken auf dem Gewand der großen Nation verschwinden zu lassen.

Als "Europäer", der diese Fiktion ebenso ablehnt wie das nationalistische Getue, stände der Franzose in seinem schlechtesten Gewand da: als einer, der den Krieg verloren hat, der nicht einmal gekämpft hat, als der deutsche Angriff erfolgte, als einer der sich während der Besatzungszeit mit den "Nazis" arrangierte und die wenigen Patrioten, die gegen die deutschen Besatzer kämpften, erbarmungslos verfolgte.
Diese Exponierung hätte zur Folge, daß die Franzosen sich nun, nach einer fünfzigjährigen Verweigerung, ihrer jüngsten Vergangenheit stellen müßten. Die Konsequenzen für die nationale Psyche wären bedenklich.

Es ist klar, daß es sich in dieser Darstellung um Idealtypen handelt, deren Konturen zu zerfließen beginnen - auf deutscher wie auf französischer Seite. Zur Zeit sind sie jedoch noch so weit intakt, daß sie das politische Geschehen bestimmen.

So scheinen die zukünftigen Entwicklungen in Frankreich wie in Deutschland in entgegengesetzter Richtung zu verlaufen.
Die Anerkennung der moralischen Autorität des Staates und damit auch die Akzeptierung einer internationalen Rolle macht in Deutschland Fortschritte.

In Frankreich gerät die staatliche Autorität offenbar in eine schwere Krise, während zugleich die Vergangenheitsbewältigung erst beginnt.

Die sich daraus ergebenden Konsequenzen sind ein immer selbstbewußterer Deutscher gegenüber einem sich selbst immer fragwürdiger werdenden Franzosen.
Konsequenzen, die nicht gerade darauf hindeuten, daß der Dialog zwischen Deutschen und Franzosen leichter werden wird.

Monsieur le curé - der Herr Pfarrer

Gudrun hatte mich zum Mittagessen eingeladen. Der Herr Pfarrer und ein paar Freunde seien auch dabei, hatte sie hinzugefügt. Dem Geistlichen des kleinen benachbarten Ortes war vom Bischof nahegelegt worden, sich in das Altersheim des Bistums zurückzuziehen. Es sollte eine Art Abschiedsessen sein.

Monsieur le curé hatte nicht die geringste Lust, sein Amt aufzugeben. Er schien noch sehr gut in Form zu sein und äußerte bei dem Essen den Verdacht, daß der Bischof sein neues Altersheim füllen müsse, damit es nicht zu unrentabel sei.

Er habe dem Bischof, der ihm den Rückzug auf das Altenteil eindringlich empfohlen habe, geantwortet, es sei eigenartig, daß niemals einer der hohen Herren der Kirche in solch ein Altersheim gehe. Wie erwartet hatte die Bekundung dieser Abneigung wenig genützt. Der Pfarrer mußte sich von seiner Gemeinde verabschieden. Er war 75 Jahre alt.

Als Gudrun mich vorstellte, gab er mir kurz angebunden die Hand und wandte sich anderen Gästen zu.. Wie sich später herausstellte hatte das nichts mit meiner Nationalität zu tun. Der Herr Pfarrer hatte einfach angenommen, daß ich kein Wort französisch spreche. Später bei Tisch kamen wir dann ins Gespräch und er äußerte seine Überraschung, daß ein Deutscher fließend französisch spreche.
Ich wandte ein, es gebe meiner Erfahrung nach weit mehr Deutsche die französisch sprechen als umgekehrt. Dem stimmte er zu. Er schien das ganz natürlich zu finden.

Monsieur le curé, so stellte sich heraus, war im Krieg ein Jahr lang in Bayern in Gefangenschaft gewesen. Zu dieser Zeit hatte er jedoch noch keine geistlichen Würden erworben.
Ich fragte ihn, ob er auch bei einer Bäuerin auf dem Hof gearbeitet habe, wie das bei vielen französischen Kriegsgefangenen der Fall war, die in der Landwirtschaft eingesetzt waren, weil schließlich auch die Bauern nach und nach zum Wehrdienst eingezogen worden waren.

Der Herr Pfarrer sah die Klippe sofort und antwortete, er habe das Leben im Lager vorgezogen. Dort habe er mit seinen Freunden zusammen sein können. Er wußte nur zu gut, daß die französischen Kriegsgefangenen den Bauer nicht nur auf dem Feld ersetzt hatten. Daher erschien ihm dieses Thema nicht für eine Konversation geeignet zu sein.

Er bemerkte, er sei ohnehin schon nach einem Jahr freigekommen und nach Frankreich zurückgekehrt. Es habe da eine Abmachung gegeben, daß die ältesten Söhne einer Familie mit zahlreichen Kindern aus der Gefangenschaft entlassen wurden.

Wir kamen dann auf die Politik zu sprechen. In Anspielung auf den geschwundenen Einfluß der französischen Kommunisten fragte ich ihn, ob ihm die Kommunisten nicht fehlten.

Er sagte ohne Umschweife: "Ja, sie fehlen mir." Er habe bei jeder Wahl bisher kommunistisch gewählt. Die Armen seien bei denen gut aufgehoben gewesen.

Im weiteren Verlauf unserer Unterhaltung äußerte ich meine Überzeugung, daß Europa nur dann die auf uns zukommenden Herausforderungen bestehen kann, wenn Frankreich und Deutschland eng zusammengehen.

Wie denn zusammengehen, wollte er wissen.

Ich sagte, Deutschland und Frankreich müssen ein Staat werden.

Diese Antwort elektrisierte den Herrn Pfarrer in erstaunlichem Maße. Er richtete sich auf und sagte, das könne er sich beim besten Willen nicht vorstellen, das könne nicht sein.

Und warum nicht?

Der Pfarrer druckste herum. Schließlich kam er damit heraus, daß Deutschland zu groß, zu mächtig sei. In Frankreich habe man Angst vor den Deutschen.

Mit dieser Feststellung schien für ihn das das Thema erledigt zu sein. Monsieur le curé widmete sich wieder intensiv dem Essen, dem Wein und seiner Gastgeberin.

Bei der Verabschiedung schaute er mich freundlich an und sagte: Auf bald einmal!

Die Antwort des Pfarrers , dass man in Frankreich Angst vor Deutschland habe, erschien mir zunächst unglaubwürdig. Angst vor einem Deutschland, das gerade erst seit ein paar Jahren seine Souveränität zurückgewonnen hatte, das weder über eine Atommacht noch über eine grosse Armee verfügte ?

Das erschien mir sehr weit her geholt. Und doch kam die Antwort des Pfarrers mit grosser Überzeugung.

Aber wie so oft wiegen jahrhunderte alte Erfahrungen schwerer als die neuere Geschichte. Der Alptraum der Franzosen war stets das "Reich", das seit Jahrhunderten an ihrer Grenze existierte.

Noch Louis XIV hatte ausserhalb jeder Rationalität seinen Heerführer angewiesen, die Pfalz mit Feuer und Schwert zu vernichten. Zehntausende von Männer, Frauen und Kinder wurden getötet und ganze Dörfer und Städte nieder gebrannt.

Warum? Um ein Glacis zu schaffen, ein verbranntes Niemandsland, eine Sicherheitszone, die Angriffe des deutschen Reiches schwieriger machen würde. Heute würde man das als ein Verbrechen gegen die Menschlichkeit bezeichnen und international ahnden.

So unglaublich das erscheinen mag, es ist immer noch die uralte Angst vor dem Reich. die heute noch trotz aller rationalen Gegengründe wirksam ist.
Es ist die Angst, dass die Deutschen das Reich nicht vergessen können.

Ein Nachwort

Die Nation der Kochkünstler

Am 8. Mai, dem Tag, den die Franzosen als Sieg über die Deutschen im Jahr 1945 feiern (den Sieg im Jahre 1918 feiern sie ebenso noch), stand ich vor dem Eingang des Post Hotels in Magesq, einem kleinen Ort nicht weit von der Atlantikküste.

Es war gegen 12 Uhr mittags. Vom Dorf her marschierte eine kleine Kolonne mit Fahne und Tambour auf das Hotel zu, das nur wenige Schritte von dem Ehrenmal für die Gefallenen entfernt gelegen ist.

Während die Kolonne von Veteranen und einigen jüngeren Männern an mir vorbeizog, bemerkte ich, daß sich ein kleiner untersetzter Mann von etwa 7o-75 Jahren zu mir gesellt hatte.

Sein weißes Haar war sorgfältig in Locken gelegt. Er trug die Kochkleidung in einem makellosem Weiß. Es war Bernard Coussau, der Inhaber und Chefkoch des Hotels. Sein Restaurant hat einen hervorragenden Ruf(zwei Sterne im Michelin).
Wir kamen ins Gespräch, während er aufmerksam die Marschkolonne beobachtete.

"Sie haben mich alle gegrüßt", sagte er. "Ich bin der Vorsitzende des Veteranen-Vereins. Und ich bin auch der Vorsitzende des Vereins der Chefköche und der Restaurateure und der Vorsitzende der..."
Er zählte noch zwei Vereinigungen auf, die mir entfallen sind. Er war sich seiner Bedeutung durchaus bewußt.

Wir sprachen über die Nouvelle Cuisine. "Das hat uns nichts gebracht", sagte er ein wenig resigniert.
"Die Nouvelle Cuisine hat den Ruf der französischen Küche eher ruiniert, urteilt Herr Bocuse", bemerkte ich.
"Bocuse ist ein guter Koch und er hat recht. Die Nouvelle Cuisine war ein Schlag ins Wasser", fuhr Coussau fort. "Heute finden wir wieder zur Tradition zurück. Einfache Dinge, landschafts gebundene Gerichte, Bewährtes, das die Leute gerne mögen."

Er hat mit diesem Kurs offenbar Erfolg. Sein Restaurant war bis auf einen Tisch vollbesetzt. Sein Speisesaal war geräumig und hell, mit großen Fenstern zum Park hinaus, die Tische weiß eingedeckt mit schönen Kristallgläsern und Servietten so groß, daß man sie um den Hals schlingen konnte; die Bedienung war aufmerksam, der Abstand zwischen den Tischen wohltuend weit. Das Mahl am Sonntag mittag wurde zu einem Genuß.

Coussau war vom alten Schlag. Er ist inzwischen verstorben
Bei allem Kopfschütteln über die Irrwege der französischen Kochkunst in den letzten zwanzig Jahren besass er noch ein solides Selbstbewußtsein. Für ihn war die französische Küche zweifellos noch immer das non plus ultra aller Kochkunst. Sein Kollege Bocuse ist schon weit skeptischer gestimmt.

"Die Nouvelle Cuisine hat das Prestige der französischen Küche in der Welt ruiniert", urteilt Bocuse in einem Interview mit der Zeitung "Le Figaro". Sie habe alle Konturen verloren. Man müsse nun wieder zu seriösen Dingen zurückfinden. Bocuse schlägt sich an die eigene Brust.
Die beste Küche heute, für ihn, das sei einfach: Man stellt den Kochtopf in die Mitte des Tisches, hebt den Deckel, Dampf steigt auf und man kann sich zweimal bedienen.

Bocuse hört sich an wie ein Schwärmer. Aber das hat seine Gründe. Der Schock sitzt tief. Die französische Küche ist selbst in Frankreich so orientierungslos und umstritten, daß eine einfache Frau wie Maité, die ihre Pension damit verdiente, daß sie bei den Streckenarbeiten der französischen Eisenbahnen die Warntrompete blies, zehn Jahre lang mit einem Riesenerfolg im Fernsehen eine höchst deftige Küche vorführte, die alles das, was der Nouvelle Cuisine einst hoch und heilig war, auf den Kopf stellte.

Bocuse ist zu einem großen Unternehmer geworden und reist seit Jahrzehnten in der Welt umher. Er hat selbst gesehen, wie es um das Prestige der französischen Küche im Ausland bestellt ist.

Er stellte fest, wenn drei Restaurants eröffnet werden, dann ist das erste italienisch: man weiß, daß man dort gewisse Gerichte bekommt, einen guten Preis, ein Lächeln und einen guten Service; das zweite Restaurant ist chinesisch, weil sie überall sind, schnell kochen und preiswert sind und das dritte Restaurant ist ein Hamburger Laden.
Der Glanz der französischen Küche im Ausland ist verblaßt, stellt Bocuse fest.

Die Nouvelle Cuisine hatte im Grunde von Anfang an nur sehr wenig mit der Kochkunst zu tun. Sie war weit mehr, und wie fast alles in diesem 20. Jahrhundert, eine soziale Bewegung.

Es ging darum, das, was Escoffier erreicht hatte, auch für den nicht so hochbegabten Koch zu verwirklichen, nämlich auch ihn aus der Anonymität, aus dem Kellergeschoß hervorzuholen, ihn von der Rotweinflasche wegzuholen, die ihn über seine anonyme Existenz hinweg tröstete und ihn in das Obergeschoß zu hieven, ihn bekannt zu machen, ihn zum Star zu machen und zum Besitzer seines Restaurants.

Diese soziale Bewegung hat in dieser Richtung viel erreicht, wenn auch die französische Kochkunst dabei den letzten Stoß bekommen hat. Die Köche wie die Journalisten, die über sie schrieben, wurden zu Stars, verdienten viel Geld und konnten sich in den eigenen vier Wänden etablieren.

Freilich, als dann die Wirtschaftskrise einsetzte, platzte die Seifenblase. Die Kunden wollten wieder reell bedient werden und viele Köche mußten ihr Lokal schließen.

Wenn man in Frankreich selbst die Diskussion um die französische Küche verfolgt, so herrscht der Eindruck vor, als wollten die Franzosen nun die Küche wieder ganz neu erfinden.
Viele Ideen dazu holen sie sich - wie es immer gewesen ist - aus der regionalen Küche. Aber diese Quelle fließt nur noch dürftig. Auch in der Provinz beginnt man aus der Tiefkühltruhe zu kochen und die alten Rezepte zu vergessen.
Das Familienrestaurant, einst ein Bewahrer der lokalen Traditionen, wird rar, weil die Kinder keine Lust mehr haben, die langen und unsozialen Arbeitsstunden eines Kochs auf sich zu nehmen. Und Angestellte kosten zu viel Geld heute. Also macht man zu.

Es ist viel die Rede von dieser berühmten regionalen Küche. Keiner der französischen Starköche vergißt in den Interviews daran zu erinnern. Aber dieses kostbare Erbe existiert mehr in den Vorstellungen von einer vergangenen Zeit als in der Wirklichkeit.
So beginnt man sich zu behelfen und mit allem, was man auftuen kann, großen Staat zu machen.
Im Mai 94 fand in Biarritz sogar ein internationer Kongress der baskischen Küche statt. Dabei ist das Baskenland kulinarisch gesehen eher eine notleidende Region, wenn nicht die bedürftigste

aller französischen Provinzen überhaupt auf diesem Gebiet. Aber in diesem Drang zurück zu den Ursprüngen fällt selbst noch ein Glanz auf diese schlichte Bauernküche.

Fragt man genauer, in welche Richtung die Erneuerung der französischen Küche gehen soll, so darf man kaum Antworten erwarten. Jeder wurstelt ein wenig auf seine Weise und bemüht sich um Originalität, ohne das neue Konturen zu entdecken sind.

Wahrscheinlich ist der Wiederaufschwung der französischen Küche gar nicht mehr zu erwarten. Das eigentliche Typische an unserer Zeit ist, dass nach der Blütezeit der europäischen Küche zuerst in Deutschland, dann in Italien und schliesslich in Frankreich, das Feuer erloschen zu sein scheint. Die europäische Küche ist wieder an ihren Ausgangspunkt zurückgekommen. In Berlin, Rom, Paris und London essen die Zeitgenossen erneut so ziemlich den gleichen Brei. Die europäische Küche hat ihren dominierenden Charakter verloren. Sie gliedert sich als eines der Elemente in die globale Küche ein.

Immerhin kommt man nicht umhin, zu bewundern, wie die Franzosen fast zweieinhalb Jahrhunderte lang die europische Küche am vollkommensten interpretiert haben - die grossen Namen dieser Zeit beginnen mit   Francois Pierre La Varenne(1618-1678), der im 17. Jahrhundert mit seinen Büchern "le cuisinier francais" und "le patissier francais" die Reformbewegung der Küche in Frankreich einleitete, Antonin Carême(1784-1833), der sie vollendete und Auguste Escoffier(1847-1935), der grosse Star des Abgangs.

Alain Ducasse, einer der berühmtesten Köche in Frankreich der letzten Jahren, im Michelin mit sechs Sternen vertreten, hat den Schlusstrich gezogen.
Er pendelt zur Zeit zwischen seinem Drei-Sterne-Restaurant in Paris und seinem Drei-Sterne-Restaurant in Monaco und einem Dutzend anderer Restaurants hin und her. Seine Stellvertreter stehen am Herd. Er hat nirgendwo Geld investiert. Er berät und bezieht Prozente.
Ducasse hat das alte Star-System begraben, indem er vormachte, dass es keines Starkoches bedarf, um drei Sterne zu bekommen, sondern einer erstklassigen Mannschaft, die nach einem anspruchsvollen Konzept arbeitet ganz gleich, ob in Berlin oder

Rom oder Paris und Monaco.
Der Mythos des legendären französischen Koches ist damit endgültig begraben. Frankreich hat sich international eingereiht.

Wahrscheinlich werden in Zukunft die stärksten Anregungen auf kulinarischem Gebiet aus den USA kommen, wo wie zur Zeit in Kalifornien die Kochtraditionen der ganzen Welt zu einer neuen globalen Küche zusammenschmelzen.

Gewiß, es gibt in Frankreich heute noch hervorragende Köche wie einen Joël Robuchon, Alain Ducasse oder einen Alain Senderens, aber sie haben keinen Einfluß und keine Ausstrahlung mehr auf die französischen Essensgewohnheiten. Sie sind verlorene Lichter auf dem großen weiten Meer der kulinarisch trostlosen Restaurants, die sich der industriellen Fertigprodukte bedienen, von den Grund-Saucen bis hin zum Blätterteig oder den Kartoffeln aus der Büchse.

In der Berufsschule für Köche in Biarritz lernt der Nachwuchs hauptsächlich den Umgang mit diesen Industrie-Produkten. Die eigene Fertigung von Grundsaucen wird nur noch theoretisch behandelt, als historisches Beispiel, und nicht mehr in der Praxis.

Die Statistiken der letzten Jahre sprechen eine beredete Sprache. "La grande bouffe" ist vorbei. Eine durchschnittlicher Familie gab im Jahr 1960 noch 35 Prozent ihres Einkommens für die Ernährung aus. Im Jahr 1980 waren es nur noch 21 Prozent und im Jahr 1994 noch ganze 17 Prozent. Der Trend deutet weiter abwärts.

Die Fertiggerichte aus der Tiefkühltruhe sind der große Schlager. Alte traditionelle Gerichte, die eine lange Kochzeit erfordern, sind in der Praxis des Alltags aus dem Familien-Repertoire so gut wie verschwunden. An ihre Stelle sind das Steak, das Fischfilet, der gekochte Schinken, Yoghurt und Mineralwasser getreten.

Es hängt immer noch eine Wolke von Nostalgie an die gute alte Zeit über der französischen Landschaft, aber wenn sich die Köche der heutigen Restaurants an die Gerichte der klassischen französischen Küche erinnern, dann wird daraus nur allzu oft eine ungenießbare Speise.

Es war an einem Dienstag im September in der Brasserie gegenüber der Kathedrale in Bordeaux. Im Vorbeigehen sah ich auf der

Schiefertafel vor dem Restaurant in großen Buchstaben   das Tagesgericht angeschrieben: Tendrons de veau - Kalbsbrust.
Ein wunderbarer Klassiker der französischen Küche, saftig und zart und rund im Geschmack. Ich entschied, hier zu mittag zu essen.

Die sehr freundliche Bedienung brachte mir im Handumdrehen einen großen Teller mit tief braun gerösteter Kalbsbrust mit Nudeln, einigen Bratkartoffeln und, vorsichtshalber offenbar, dazu ein scharfes Steakmesser. Ich ahnte Schlimmes.

Zunächst probierte ich die Bratkartoffeln. Sie waren ausgezeichnet. Aber sie waren bereits lauwarm bis kalt. Der Rest ebenso. Ich probierte das Fleisch. Es war zäh und schwierig zu schneiden und noch weit schwieriger zu kauen.
Der Koch hatte dieses Fleisch, das ganz langsam geschmort werden muß, wahrscheinlich mit Zitronensaft etwas vorgegart und dann ganz einfach in die Pfanne gehauen und gebraten, als wäre es ein Steak. Die Kalbsbrust sah, derart knusprig gebraten, sehr appetitlich aus. Nur war sie so zäh wie Leder.
Es war auch durchaus nicht anderes zu erwarten war, da ein derartiges Fleisch nach allen Regeln der Kochkunst halt eines langsamen Garprozesses bedarf.

Ich ließ das Fleisch liegen und rief den Kellner. Auf meine Beanstandung hin schwor er mir hoch und heilig, daß alle Gäste bisher von diesem Gericht begeistert waren. Es sei sehr gut bestellt worden. Der übliche Schmonzes, den die Kellner in der ganzen Welt ableiern: "Sie sind wirklich der Einzige, der bei diesem Gericht nicht zufrieden ist!"

Ich bat, den Geschäftsführer zu holen. Der hörte sich freundlich lächelnd meine Einwände an und bemerkte dann, es sei vielleicht auch eine Geschmackssache, ob man ein Gericht liebe oder nicht.
Daraufhin antwortete ich ihm, daß es sich hier nicht um Geschmacksfrage, sondern um einen handwerklichen Fehler seines Koches handele.

Der Mann sah, daß die üblichen Tricks nichts nutzten. Er fragte mich sehr freundlich, ob er mir anstelle der Kalbsbrust etwas anderes bringen dürfe.Ich verneinte und bat um die Rechnung.

Zu meiner großen Überraschung und zu der weit größeren Ungehaltenheit des Kellners, wies sie nur den geringen Betrag für das Getränk auf. Vielleicht hatte der Geschäftsführer noch eine Ahnung, wie die französische Küche einst aussah, als sie noch weit eßbarer war.

Natürlich gibt es in diesem großen, weiten Land auch in der tiefen Provinz noch kleine Restaurants, die ausgezeichnet sind. Es sind oft Restaurants, die seit drei oder vier Generationen in der Familie sind.
Haus und Geschäft wurden von dem Vater auf den Sohn oder die Tochter vererbt und mit einem gewissen Familienstolz weitergeführt. Oft sind es heute nicht die Söhne, sondern die Töchter, die die Küche weiterführen und einfache und gut gekochte Gerichte anbieten. Aber das ist in dem Frankreich von heute selten geworden.

Die Tatsache, dass es keine grosse Kochtradition mehr zu vertreten gilt, drückt sich auch in der Tatsache aus, dass der Elyséee-Palast, der Sitz des französischen Präsidenten, in den letzten vierzig Jahren Chefköche aus den Rängen der französischen Kriegsmarine rekrutierte.
Den letzten Versuch, einen der grossen Namen der französischen Küche dazu zu bewegen, die Leitung der Küche im Elyséee-Palast zu übernehmen, hatte François Mitterand gemacht (Präsident von 1981-95). Schliesslich stand hier das Prestige der Nation auf dem Spiel. Mitterand erntete nur Absagen. Es blieb bei dem Koch der Marine.
Das kostbare Porzellan von Sèvres, das alte Silber der Bestecke und Leuchter und das herrliche Kristall des Elysée-Palastes sind heute die einzige Erinnerung an die grosse Zeit der französischen Küche.

„A quel modo che un napoletano dell`àntico regno o un piemontese del regno subalpino si fecero italiani non rinnegando l`essere loro anteriore... cosi e francesi e tedeschi e italiani e tutti gli altri s`innalzeranno a europei e i loro pensieri indirizzeranno all`Europa e i loro cuori batteranno per lei come prima per le patrie più piccole.“

„So wie ein Neapolitaner des alten Königreiches oder ein Piemontese des Königreiches südlich der Alpen Italiener wurden, ohne ihr Innerstes zu verleugnen... so werden sich Franzosen und Deutsche und Italiener und alle anderen Europäer erheben und ihre Gedanken auf Europa richten, und ihre Herzen werden so für Europa schlagen wie zuvor für ihr kleines Vaterland.“

Benedetto Croce
Philosoph, Schriftsteller, Historiker und Politiker (1866-1952)

Der Autor

Doktor der Philosophie der Universität München.

Journalist.

Arbeitete 23 Jahre als Auslandskorrespondent in Paris für die Deutsche Presse Agentur(DPA), und in London und Washington für den Deutschlandfunk(Köln).

Danach 10 Jahre Leben in der französischen Provinz in St.Jean de Luz und Biarritz und ausgiebige Reisen in ganz Frankreich.